푸른 들판은 아버지다

문학공원 시선 112

푸른 들판은 아버지다

곽구비 시집

파란 소용돌이로 지나간 시간이 오고
먹먹하도록 저며 드는 초록잎새는
분명 내 아버지다

문학공원

작가의 말

책을 낸다는 건 평생의 소원이자
두려움이기도 합니다

책을 손에서 놓치 말고 살라는
평소 아버지의 가르침이 있었습니다

글을 쓰는 사람은 어떤 환경에 있어도
스스로 대접 받고 있더라는
김순진 교수님의 가르침이 컸습니다

좋은 글과 시를 구분하고자 늘 노력하면서
자부심으로 수줍게 첫 시집을 냅니다

낯설게 하기를 참 좋아하지만
편안하고 익숙한 말로 읊조리듯
그렇게 쉬운 시만을 편안히 써냈습니다

아버지가 무척 좋아하실 것 같습니다
올곧은 곳에는 목소리를 내고 살라는 가르침을
몸소 실천하시는 아버지를 존경합니다.

2016년 초겨울 **곽 구 비** 드림

CONTENTS

1부. 바람의 언어

베란다 건너편 하늘 ················ 12
뉴스 ···························· 13
바람의 언어 ······················ 14
의문부호 ························ 15
바람이 이는 곳 ···················· 16
슬픈 나무들 ······················ 17
물의 눈 ·························· 18
푸른 들판은 아버지다 ·············· 19
365일 다이어트중인 그들 ············ 20
9월이야 ·························· 21
해프닝 ·························· 22
드라이브 ························ 23
겨울 세입자 ······················ 24
대화가 필요해 ···················· 25
어느 담벼락에서 ·················· 27
물들어가다 ······················ 28
여전히 오픈 중인 수건 ·············· 30
계단 ···························· 31
혼잣말 ·························· 32
가을을 태우다 ···················· 33

2부. 슬프거나 맛있거나

사랑, 그것은 ·············· 36
해바라기 ·············· 37
비밀을 위한 비밀 ·············· 38
사랑 1 ·············· 39
사랑 2 ·············· 40
당신의 세계 ·············· 41
그곳에 가면 ·············· 42
내안의 괴테 ·············· 43
나는 삐에로 ·············· 44
나의 사계 ·············· 43
나의 어머니는 ·············· 46
차 한 잔 하고 싶습니다 ·············· 47
안부 ·············· 48
박제하고픈 인연 ·············· 49
꿈 동산 ·············· 50
남의 결혼식 ·············· 51
아이야 ·············· 52
침묵 ·············· 53
어릴 적 시골집 ·············· 54
야속함 ·············· 55
슬프거나 맛있거나 ·············· 56
친정집에 가다 ·············· 57
여식의 마음 ·············· 58

CONTENTS

3부. 집 한 채를 허문 날

1월 1일 해돋이 ····· 60
춘천에서 서울 가는 봄 ····· 61
오월 어느 날에 ····· 60
바람과 함께한 여행 ····· 63
가을과 여행 ····· 64
황금 들판에 서면 ····· 65
안개 ····· 66
가을앓이 ····· 67
산이 당신입니다 ····· 68
가을 정동진에서 ····· 69
섬 ····· 70
겨울 어느 날 ····· 71
다시 부는 바람 ····· 74
바람의 언어를 이해하다 ····· 75
그 가을 ····· 76
장마를 바라보며 ····· 77
깨 타작 ····· 78
아침 ····· 79
우이동 계곡의 백란 카페 ····· 81
진달래가 사모한 강 ····· 82
집 한 채를 허문 날 ····· 83

4부. 빈 들녘을 꿈으로 물들이다

모로코 패스무디나 ····· 86
마드리드 ····· 87
보스니아 구시가지 ····· 88
스페인 미아스 안달루시아 마을 ····· 90
동유럽의 일면 ····· 93
보스니아 거리에서 ····· 94
길상사에서 ····· 95
그 소녀 ····· 96
8월에 금병산 ····· 97
맥문동 꽃 피던 날 ····· 98
오월은 그녀가 갑이다 ····· 99
말의 무성함 ····· 100
행복을 사러 ····· 101
파문의 느낌 ····· 104
취한 하루 ····· 105
어른 ····· 106
정리 ····· 107
천정에 사는 수 백 마리 양 ····· 108
단 한 번의 일탈을 꿈꾸다 ····· 109
9월의 난장 ····· 110
기다림 ····· 111
너에게 지친 나 ····· 112
빈 들녘을 꿈으로 물들이다 ····· 114
천국 ····· 116

CONTENTS

<작품해설>
- 김순진(문학평론가)
화려한 고독, 그 상상의 카타르시스 … 118

1부. 바람의 언어

베란다 건너편 하늘

기지개를 펴며 베란다 커텐을 엽니다
밤새 안녕 하셨지요?
고개를 들어 하루를 펴는 당신을 기다렸네요
숲으로 나가지 않고도 꽃의 두런거림을 알려주는 당신
내게 소리를 지르고 멀어진 비행기와 까불랑거린 참새
몽실몽실거리는 솜사탕들을 당신은 행복해합니다

따스하고 아름다운 당신을 봅니다

목련이 피어나고 있는지 몹시 궁금해 할 내게 당신은
멀리 수목원의 숲속 향을 실어다줍니다
당신이 그림자들을 일렬로 세우면
시장바구니를 펄럭이며 나가봐야 할 시간입니다
나의 하루를 위해 온 종일을 지켜내는 당신은
투명한 공기를 몰아 온도를 높입니다
나를 위해 장미꽃을 빨리 피어나게 하고 싶어합니다

내가 잠든 사이 비바람 칠거라고
별 무리와 달님이 숨어버렸네요
까다로운 내 성미에 맞춰 또르륵또르륵 예쁜
장단으로 내려줄 거지요?

이 밤도 나는 당신을 꿈꾸며 하늘비행에 오릅니다

뉴스

아이들의 토막 난 웃음이 바다로 갔지
한동안 물고기도 헤엄치지 않던 진도 바다
잊어버리면 안 될 그날의 주위를 맴 돌았네
슬픔은 뇌의 바퀴를 몇 번 감아올리며
세월이 지난 만큼만 느슨하게 풀어주네
행간의 글자를 타고 더 독하디독한 문구가
화면에 뜰 때마다 오열한 시간이었네
공감한 시간이기에 모두 암울했지

창문을 열어 환기를 시키면 나아질 일인가
소음과 잡음과 과열된 증상들에 온갖
추문이 이 나라를 온통 멍들게 했네
창문은 닫는 게 나을 것 같았네
다시 그 봄은 찾아오고 어린 넋들이 환생한
꽃 무더기가 연신 손짓을 한다네
뉴스는 사라지고 광고가 요란하네
창문은 열어두었고 목련 향기가 돌아왔으니
봄이라네

바람의 언어

바람은 투명한 눈빛으로 움직이지
날카로운 가슴을 내보이지 않아
바람의 파란을 일으키고 지나간
잎사귀에 생명을 달리 놓곤 하지

새싹을 키우고 뚝뚝 떨어뜨리기를 시작해
투명한 바람이 날카롭다 해도
바람의 잔인함을 탓하거나 오만함을
들추지 않게 되지

오히려 묻지 말아야 할 금기였나 봐
바람이 할퀴고 지나간 붉은 아림은
자연의 섭리라고 이해하기 시작했어

봄이면 새 움이 트는 이유를
묻지 않기로 한 것은 아주 잘한 일이야
흐름엔 질문이 필요 없음이야
사는 일 그 안엔 바람이 정해진
방향으로 일정히 흐르고 있어

의문부호

네가 조용히 잠들었던 그 시간
세상은 밤새 조심스레 내일을
생산해내느라 분주했을 일이다

어둠의 변곡점과 해의 변곡점이
밤새 맞닿아 고민도 했었을까
죽어나간 이들의 대척점을
살아있음 이라고 말하기로 한다

죽음을 잃어버린 것쯤으로 다시 고치면
경계선을 넘었다는 비장함으로
슬퍼하지는 말고 살아가자

경계를 허물고자 너는 잠을 자야했다
오늘의 대척점인 내일을 맞아야 하니까

바람이 이는 곳

등나무를 치는 바람이 향기를 몰아온다
거미줄 이음새 마무리 중이던 왕거미
바람을 탓하고 싶어서 멈칫한다

한 무리의 바람은 베란다를 타고
건너와 살랑살랑 애교를 부리는 중이다

촉수를 집중하고 집 한 채 다 지어낸
왕거미를 위해 박수를 바람에 실려 보낸다

아카시아 나무로 옮겨간 바람이
울대를 풀어 더 진한 향기가 오르도록 한다

바람의 간섭으로 모든 사물이 동하여 일어날까
바람의 시작으로 고리처럼 이어지는 일상

그 바람을 만져보러 눈을 크게 뜨는
아침이다…

슬픈 나무들

나무들은 바람이 다가오기를 기다렸다가
두 손을 힘껏 벌리며 환영한다
최대한의 여름 햇빛으로 성장판을
다 열어두었던 나무는 지금 가을바람을
맞고 싶은 거다

나무 앞에 슬픈 이가 간혹 서 있다
누군가로부터 이별을 통보받았거나 스스로
이별을 결심하고 한동안 나무 밑에 와서
어깨를 가볍게 들썩이며 눈물을 훔치다 간다

키가 워낙 큰 나무는 그들의 눈물을 안을 수 없어
나뭇잎을 한 장 한 장 떨어뜨리며 위로한다
나뭇잎을 다 내려놓고 나면 겨울이었고
혼자서 외로움을 견디느라 늘 슬프다

물의 눈

세상이 온통 탁한 물이라고 한다
방황하던 물 지쳐 누워버렸다
맑은 눈 찾아 흔들리지 않으려 헤맨다

어디론가 벗어나려는 몸부림은
분명 바람이 부추기는 소리에 움직인다
물은 차라리 꿈쩍 않고 눈을 감으려한다

물의 눈으로 다시 맑아지길 바란다

푸른 들판은 아버지다

파랗게 아버지 키를 넘긴 들판에서
고달픈 농부의 딸이었음을 돌아본다

갈기마다 곧추 세운 아버지의 고독이
줄기 세포로 자란 저 들녘이 시리다

이슬로 시를 써보는 딸의 한량스러움과
새벽 논물 대시며 잠을 설친 아버지와
같은 시간에 동 떨어진 삶이 시작된다

파란 소용돌이로 지나간 시간이 오고
먹먹하도록 저며 드는 초록 잎새는
분명 내 아버지다

따라갈까요 하면 학생은 공부 잘하면
그게 네 일이다 너는 논에 나올 생각마라
논일은 아버지 일이다 하셨다

365일 다이어트중인 그들

퇴계동 중심부를 흐르는 하천 길
낮 동안은 햇볕이 늘어지게 놀고 있었다
구봉산 너머로 해실해실 햇빛이 그림자를
거둬가는 시각이면

기어코 뱃살을 없애고 말겠다는
아주머니 부대의 운동이 시작된다
숨어있던 치어들이 무슨 일인가
가장자리로 몰려들어 구경까지 하고

몇 년을 밤마다 왔다 갔다 한 것 같은데
더 불룩해진 배들은 어쩐 일일까

운동이 끝나면 흐르는 땀방울 씻어내자며
21세기 호프집 밖이 술렁인다
밖에 세워둔 파라솔 아래 모여서
흘린 땀만큼 채우고 돌아간다는 것이다

식탁에 차려진 밥은 분명 안 먹고 나왔으니
방심을 했던지 안심을 한 게 분명하다
운동 나오기 전보다 솟아오른 배를 보며
우리 내일도 운동 꼭 하자 말한다

9월이야

달빛 한 자락 품어 안고 울음내는
풀벌레 소리가 서글퍼지기 전에
그대를 만나러 마중 나갈지도 몰라

영롱한 숨결로 서걱대는 마음 한 자락
그대 가슴에 못 풀어 침묵으로 돌아서
다시 그리워지더라도 그대를 보고 싶어

눈시울이 붉어지면 가을 단풍이
붉은 까닭일거라 핑계를 대면서
다시 숨죽인 추억을 간직하며 살아갈 거야

맑은 하늘에 '사랑해'라 써볼 거야

노을이 그물에 걸린 날

바다는 어쩔 줄 몰라 벌겋게 달아올랐고
물결은 방향도 없이 갈팡질팡했네
고래가 삼키려던 고등어 한 마리 어수선한
이 기회에 살아났네
바다로 들어온 해님을 덜컥 잡아버린 어부
거대한 바다가 우뚝 할 일을 멈췄네
오늘 밤은 난리가 났네
해를 잡은 이가 누구인가
뉴스는 온통 특보 긴급 속보라네
순수한 어부님의 어리둥절한 인터뷰
모르고 그랬다는 사과문으로
해프닝은 일단락지었네

드라이브

동강 위로 냅다 달리는 겨울의 뒷덜미
차로 부지런히 쫓아 보았다

물빛이 덩달아 따라다니던 오후
빛이 산등성이를 내리친다

굴절되어 내 가슴 골짜기를 훔쳐내자
겨울 해묵은 생각을 털어 동강에 뿌린다

2월의 기분 좋은 서늘함과 햇빛의 조우로
강물은 출렁출렁 요동을 친다

꿈에서도 못 보던 님을 만난 듯한 나른함
봄의 홀림으로 겨울을 잊는다

겨울 세입자

햇살 없는 창공에 바람이
달음박질친다
집착과 욕망을 벗기려 이 골목
저 골목 바람이 사납다
바람의 숨 가쁜 연주에 음표 놓친
겨울 추위가 더 맹렬하게 공격한다
문명의 이기와 각박의 틀 사이로
바람이 당차게 문을 열었을까
싸움의 중심부에서 겨울의 권리금을
받아낼 속셈이었을까
남루하고 화려한 도시의 양면에서
바람은 잠시 주춤하더니 날을 세운다
내년 봄이면 겨울을 잊을 것이다
겨울을 자주 외면한 내게 창공으로
비상하던 바람이
씨앗 하나 놓고 사라진다
품고 있으면 봄이 올 거라는 듯…

대화가 필요해

꽃잎이 떨고 있는 새벽은
얼마나 처연한지 가슴에 이는
바람은 중심을 얼마나 흩뜨려놓는지
당신에게 내가 할 말은 많았다

한 번쯤 산책을 같이하고 들국화
조물조물한 그 길에 향기를
당신과 나누고자 했다
주식에 대한 경제에 관한 국회의원 얘기 말고

내가 바라본 세상에 대하여
코스모스가 올핸 가을보다 먼저 온 이유와
허수아비를 볼 수 없는 들녘에 대하여
한마디만 나누어도 몹시 아름다운 가을이겠다

어느 담벼락에서

방패연 한 마리 은행나무에 걸려서
오도 가도 못하고 죽겠나 보다
멋대로 나와서 기분내다 버리고
달아난 주인을 향한 분노일 테지

승합차를 개조한 이동식 옷 가게 아주머니
손님이 너무 없어 연만 자꾸 바라본다
구해줄 속셈일까 자신의 얼레도 못 끊어
연보다 아픈 속내를 달래는 중일까

휘익 바람이 힘차게 불고 옷가지 행거가
까닥까닥 하니까
이번엔 연 꼬리가 비웃는 듯 팔락인다
서로를 조롱한다 생각하며
에라, 점심이나 먹어야겠다

해가 정오일 때 나와 몇 시간 지났으니
점심도 아닌 저녁도 아닌 그렁그렁한
나날을 아주머니는 또 살아 내는갑다

물들어가다

구리시 한강 시민공원이 유채꽃으로 물든 날
잔잔한 바람이 여름을 몰아 유채밭 안으로 날린다
하늘하늘 이파리 파랗게 물들고
얼굴 위로 피어나는 꽃망울이 노랗게 물든다

셔터를 누르는 연인의 눈빛 속에 사랑이 물들고
엄마 품에 안긴 아이의 이마에 포근함이 물든다
유채밭은 하늘에 물들고 나는 유채밭에 물들고
함께 간 벗들은 우정에 물들었다

유채잎을 나물로 먹었다는 벗님의 얼굴 위로 향수가 물들고
유채꽃을 머리에 꽂고 놀았다는 벗님의 얼굴 위로
추억이 물든다

돌돌돌 오늘 이야기 한강으로 아름아름 물들었고
우리의 요란한 미소는 봄날에 물들다 석양에 기울어 **빨**갛게 물들었다
서둘러 내려오던 발걸음은 비타민 되어 물들었고
마음에 물들고 기쁨이 물들고 사랑이 물드는 곳에
가는 봄이 행복함으로 물들었다

유채밭은 하늘에 물들고 나는 유채밭에 물들고
함께 간 벗들은 우정에 물이든 하루다

여전히 신장개업 중

세면대 위에서 삼십 년 전 오픈한 청과상회를 본다
서랍장 문을 열고 수건을 펼치니 온 동네가 신장개업 중이다
아영이네 미용실도 민식이네 전파사도 지금 막 오픈을 한다

시골집 옆으로 시집왔던 몽골 처녀가 낳은 아이
세연이가 치룬 돌잔치 날짜를 보니 초등학생이 되었겠네
창고에 쌓아둔 수건을 차에 실어놓은 엄마
색상과 감각이 맞지 않아 그냥 구석에 방치했는데
아직 그대로 오픈 중인 채 서랍에서 답답했겠다
오픈한 미용실은 잘되고 있을까

수건 속에서 묵언수행 마친 가게는 여전히
새로 오픈 중이었다

계단

난지도 자리에 하늘공원이 생겨나고
꿋꿋이 밟고 지나가라 당신이 앉았네요
누구라도 당신을 맘껏 밟고 가거라
가부좌를 틀었던가 당당히 버텨내지요
지친다고 투덜거리며 내려다보면
철그렁 당신이 보낸 신호인가요

푸념도 행복에 겨워 살짝 미안해지네요
가난을 등에 짊어진 나약한 터전을 다지고
당신을 붙박이로 앉혀 놓고 하늘 구경합니다
신음소리를 모른 채하려고 바람이 시원하다
공기가 정말 맑다 감탄의 몇 마디 질러냅니다

갑자기 헛디딘 발 조심하라는 경고 그거
당신이 보낸 신호였지요
고마워요 오늘 당신을 밟고 하늘 공원을 구경했네요

혼잣말

바람이 수없이 만지고 지나쳐도
목적 없이 꺾어지진 않았을 진리
구태여 묻지 않아도 알게 되는 건 순리
가만있어도 알려지는 건 진실의 소리
한 마디만 흘려도 리액션이 최고가로
상장되는 증권가 찌라시 같은 헛소리

사는 얘기 시시할 때 오만하고 싶어한다
겸손이 지루해서 껄렁함이 고개를
다시 쳐들고 싶어진다
아부를 해야 할 분위기나 을이 돼가는 기분이나
참으로 고리타분한 뉘앙스다
정장을 받쳐 입고 시장통을 누비며
생선냄새 스밀까 싶은 날카로운 기분이다
글을 맘대로 쓴다는 건 그나마 최고의
특권이다

가을을 태우다

탁 타다닥 탁 타다닥
가마솥 아궁이에서 지난가을이
타는 소리다
두드려 빼앗긴 콩알은 어디쯤에 있을까
안타까운 소리로 탁 타다닥
먼저 간 오른발 왼쪽 발끝으로 차며
애꿎은 처마 밑 맨 땅을 다지면서
시월의 어느 밤을 배회한다
차마 이럴 줄 모르고 붙잡힌 마음 하나
뜨겁게 타들어간다
끌어안고도 가슴을 찌르는 그리움
빈 콩 껍데기 태우다가
짧은 겨울밤 날이 샌다

가을이 가고도 여전히 가을을 태운다

2부
슬프거나
맛있거나

사랑, 그것은

저울에 눈금을 초과해버린 사랑은
계절도 위협하고 자연도 무시하고
자신의 세계에서 지속적으로 들끓었다

행복을 배양하던 머릿속에선 이별의 슬픔을
망각시켰고 부지런히 사력을 다하여
그리운 출발선으로 가 쓸데없이 서성거린다

바람의 넋으로 노을의 넋으로
그리움의 넋을 불러 모으며
너울너울 한바탕 춤사위를 벌인다

사랑 그것은 한 움큼의 인생을 깊이 파내고
묻어둔 오래오래 자리 지켜내다 성장하고
자라나는 억센 칡뿌리 같은 것일지도 모른다

해바라기

당신이 있어 그늘 한 점 없는 내 마음
둥글게 살아갈 수 있어 아름답습니다
가진 건 티 없이 밝은 제 마음 하나
당신을 향해 원 없이 쏟아냅니다

당신 바라보는 이 간절한 눈빛으로
마음을 졸이면서 하루하루 살아냅니다
뜨거운 심장 타들어가는 간절함에도
사랑 함부로 거론하지 않을랍니다

비밀을 위한 비밀

너를 열고 싶은 입술이 달싹이면
다시 한 번 은밀하게 감춰본다

자물통으로 채우고 어기면 금기란 말
없었으니 구지 날아가게 알려주고 싶다

낙엽이 바스락거리는 대로에서 큰 소리로
너를 열어 외치고 싶어서 나는 갈등을 한다

너 이전의 내 정신을 흩뜨리기 시작해서
화악 번지는 미움이 차올라서 펼쳐 보내고 싶다

너를 한 번쯤 열어 큰 소리로 공개하고
내 얼굴이 화끈거리는 일을 기어이 만들고 싶다

이 가을 그만큼 독이 올라서 붉어진 단풍처럼
그 사이를 지켜보면서 어쩔 줄 몰라 화가 난다

그리하여 내 자신에게 극형의 형벌이라도
주어야 한다고 날마다 뒤척인다

사랑 · 1

바람이 허공을 건드릴 때마다 나뭇가지
사이로 그리움이 펄럭인다

하나씩 몸 안에 얼룩을 지우며 가슴을 넓히고
새로운 것을 받아 채우고자 투명한 마음이 된다

처음 사랑한 무성한 폐허에서 수 만 가지
생성된 언어를 만들어내는 심장으로 하나의
세계를 이루고 싶던 날 있었던가

가을 같은 수채화를 밑그림으로 그려놓고
영원히 끝나지 않을 사랑을 완성하고 싶어한다
모든 것은 상상이나 허구이나 기쁨이면 그만이다

사랑 · 2

나는 계절 위에 서 있는 그리움이다
말끔히 지워낼 수 없는 삶의 일부이다
역동의 파노라마를 헤치고 나면
기뻐할 누군가의 마음에 기다림이다

공기 중에 호흡하기도 하고 더 멀리
더 오래 한동안 비틀거리며 떠다닌다
무수한 색깔로 나를 위한 장식을 안고
순수한 마음속을 유랑하는 방랑자다

당신의 세계

이슬 깨우러오던 햇님의 길
방해하러 먼저 나서는 이 당신인가요
함께 할 수 없으니 오시지 말라 이르면
멀리서 서성거리는 아스라한 당신입니다

속내 들키지 않으려 멀리서 엿보는 당신
애매모호 하다고 외면하긴 했습니다
꽁꽁 싸매고 아무것도 말하기 싫은 날
당신이 있는 곳으로 숨어들고 싶습니다

그곳에 가면

언 땅 일구던 곡괭이 한쪽 벽에 침묵처럼 걸고
아궁이 앞에 비로소 다리 펴고 앉는 저녁이다
어머니의 한숨이 활활 타오르면 저녁 별님은
곤궁한 마당가에서 위로의 빛을 쏘아주었지

막걸리 담긴 노란 주전자에 어른 아이가 함께
마시고 함부로 나무라지 않은 묵인도 존재했지
농사의 끝에서 거둬내고 떨어진 알갱이들은
들녘 두더지와 떠도는 고양이도 한 몫 차지했지

밭작물 담아 나르던 소쿠리의 낡은 빛 사이로
여전히 햇볕은 강렬하게 그리움을 끌어모으지
공동 우물가 팽 나무 사이에 매일 올라앉던
달님에게 그곳 이야기 물으러 가고 싶네

내안의 괴테

로테가 거절한 사랑이 실연의 쓴
충격으로 살아갈 희망을 잃고
자살한 베르테르가 그리운 날 있다

우울증 극복 못하고 밀려든 사랑 앞에
알베르트를 못 이길 것 같아
생을 마감으로 대신한 베르테르의
마음을 가끔 이해하고 싶은 날 있다

위대한 사랑이 부재중인 오늘이 아쉽다
우리의 젊음이 지났으면 매일 마음도
야위어 갔으니 사랑도 잊혀져야 하거늘
기약 없이 보낸 탓이던가
못 다 이룬 사랑이 유난히 방랑하는
계절이 있다

눈으로 가리고 몸으로 막았다고
이별이 부서지던가
계절이 지나는 자리마다 새롭게 피어나
조금씩 가늘게 흔들어 놓으며
내안엔 나의 괴테가 산다

나는 삐에로

거울에 비춰보는 걸 좋아하지 않는데
그냥 보는 날은 욕실 세면대 앞이다
마른 팔뚝 위의 핏줄이 파랗게 솟아
어떡할 거냐고 위협하는 것 같아서 밥을 먹는다

흔들리는 울음들을 내 안에 몰아넣고
시간이 흐르기를 기다린 바보처럼 살았을까
수분은 사라지고 문신처럼 돋아난 핏줄이
통과하는 모습을 여과 없이 보이는 팔뚝이다

뼈만 남은 형상에 탈 하나 뒤집어쓴 듯
감정 없는 하루를 살게 될까 봐 글을 써댄다
조각난 웃음이라도 사진기에 담아 볼까하고
억지웃음에 경련이 나타나 지그시 입 다문다

다리에도 목에도 손목에도 시퍼런 힘줄이
꿈을 못 다 이뤄 도사리고 있는 꿈 줄 같다
내 옆에서 한 시간만 있다가도 너무 웃겨서
죽겠다는데 정작 나는 잘 웃지 않는다

가끔 그래서 난 삐에로가 아닐까 생각한다

나의 사계

사납던 여름이 순순히 처서에게 밀려난다
영글어 익어가는 계절엔 고독으로 타는
냄새가 나의 가을의 만족이다

태양의 빛이 갑자기 슬퍼진 것도
하늘이 높아진 것도 계절에 순응하는 일이지

뚝뚝 떨어지는 땀방울 그 격정의 여름이
모퉁이를 돌아 발걸음을 한참 전에 옮겼다
붉은 단풍잎 한 귀퉁이에 이별한 그림자는
어른거리며 아픈 발걸음으로 쫓아올 테지

밤새 달려온 바람이 또 힘겹게 문지방을
넘으려 제 할일을 다 마치면 고독해진다
사립문 밖에선 흰 눈이 밀려드는 겨울 소리로
소복소복 하고 있음이다

가을에 쌓인 이야기들이 침묵으로 기도하며
한동안 인내를 키울 것이다
해동된 대지가 기지개를 켜면 봄의 향연에서
새로운 날을 접하고 흐르는 계절로 스민다

나의 어머니는

마음껏 고개를 펴지도 못하고
고샅 눈치만 살피다 아들이 떠난
뒷모습으로도 어머니는 사랑을 쫓는다
숟가락 한번 맛있게 든 적 없이
퍼석한 얼굴 위로 기다림이 일상이다

종일 먹지 않아도 아들이 두 그릇 비운
밥상에선 행복을 보는지 주름이 웃는다
얼굴 한 번 제대로 봐주지 않고 떠나버린 야속함에도 무엇이 그리 좋다하신다
달팽이처럼 오므린 가슴 펴지도 못하고 어느 계절에 올지도 모르는
아들이 놓고 간 슬리퍼를 대신 신어도 좋다하신다

차 한 잔 하고 싶습니다

상처가 아물면
그리움은 없겠지했습니다
낭만도 가고 설레임도 가고 뜨거운 밀어는 사라지고 없습니다
기척도 없이 사계절이 여러 번 바뀌었습니다
뜬금없이 일어서는 그리움
누각처럼 몸속에 축조해 두었나봅니다
고요한 파문이 속내를 말하기 시작 합니다
내 키를 넘는 그리움으로 다시 달빛 찰랑대는 밤이 아파옵니다
그대를 만나 여유로운 숨소리로
차 한 잔 하고 싶습니다

안부

하늘은 서향 창문으로 들어와
기웃기웃 너를 살폈어
웬일인지 가을을 좋아하는 너의
낯빛이 슬퍼서 염려를 했겠지

갑자기 말문을 잠근 채 나가기를
거부한 네가 안타까워 보였나봐
바쁜 사람들의 총총한 발자국
쉴 틈 없는 직장인들이 부러워진 거니

창문에 다가와 너에 안부를 걱정하는
하늘을 한번 바라봐
바람이 살짝 일렁이는 가을의 문턱을
좋아했잖아 힘을 내

박제하고픈 인연

책속에 감춰두고
숨 못 쉬게 억압당한 잎새를 본다
붉은 사연인양 어긋난 인연도 접어서
박제로 말려두고 싶을 때 있다

긴 세월 잠그고 오래두면
가벼워지는 사이가 되겠지
잊혀지며 감사할 관계 굳이 보면서
지쳐가는 만남은 가둬 두고 싶다

붉은 빛이 삐죽거리며 가을 햇빛에
우연히 노출이 되었을 땐 꺼낸다
내가 용서했거나 이해되었거나
아니면 털어 없애버릴 이야기들이니까

꿈 동산

화사함을 거론하려 펜을 들었더니 추억이 떠오릅니다
아름답다고 말 하려다가 그만 말끝을 흐리고
감탄을 하고 말지요
파릇한 학창시절 그대로 안은 채 나는 다시
전경산1)에 와보곤 합니다

산 너머 구름이 돌아가던 구불구불한 언덕에
보랏빛 순비기나무는 그대로 있네요
따스하던 전경산 자락에 헛디딘 신발을 여직
기억하고 다시 또 넋을 잃고 맙니다

풀포기를 잡아 넘어뜨린 자리를 밀치고
분홍빛 진달래 해마다 붉은 울음을 대신 토해
그립다고 말해 주시네요
무수한 세월 지나도록
전경산자락의 꿈은 매번 아련합니다

---

1) 전경산 : 시골 학교 뒷산으로 종종 누워서 하늘을 봄. 작년 봄
   에 서서 바라보다가 씀

남의 결혼식

오늘 모임에 회장님 따님이 면사포를 썼네
조막만한 얼굴로 방긋거리는 거 보니 옛 생각났네
하얀 천사가 우리 곁으로 온 건가
집안끼리 신속하게 맞선으로
맺었다는데 저렇게 웃어도 되나 몰라

사랑은 아름답지만 결혼은? 그렇다네
나는 섣불리 답하지 못 한다네
한 쌍의 원앙이 되거라 속으로 이 말만 하고
타인들은 맛 평가 나온 전문가마냥
뷔페를 찾아 금세 여기 왜 온 건지
다른 수다를 떨더라네

남의 결혼식은 다 그렇더라네
새삼스레 신부가 부럽다는 사람도 없다네
신부 아버지가 다가오네
대본대로 한사람씩 돌림말을 시작하네
어머 사위가 어쩜 그리 멋지다요
따님은 또 어떻구요
영혼은 천장에서 겉돌고 두 손으로
달그락거리는 접시를 찾더라네

아이야

울고 싶으면 실컷 울어라
사탕은 울어야 생긴다는 걸 그새 아느냐
엄마는 말이다
이제 소리가 안 나와 울 수가 없단다
눈물이 없는데 하염없이 흐른단다
소리가 잦아든 다음에야 더 아프단다
아이야 너라도 소리내 울 거라
끓다가 끓다가 소리조차 사라질 땐
평화로운 척 살아지는 거란다
그때라야
아무소리 나지 않게 살 수 있단다
우리는 그렇게 살아지게 된단다

침묵

벽은 비밀을 다 막아주며 하루의 벽은 24시간의
애기를 두껍게 쌓아놓는다
나는 벽을 두드린다 대답이 없다

조용한 날에 벽에 기대서 귀를 쫑긋 거리면서
애원하면 벽은 멀뚱히 나를 내려다 본다
도저히 말해줄 수 없다는 이야기 침묵하며

그 침묵 또한 믿을 만하다
그러면서 깨부수려는 나의 성질은 삐걱대는
낡은 라디오처럼 째째하게 직직거린다

침묵을 입 무거움이라고 강조한 조상님들이
벽에서 걸어 나올 것 같아서
내 입을 막고 물러선다

어릴 적 시골집

도회지보다 두 시간 일찍 이불을 개어
올리면 달님은 떠나야 맞는지 모르고
나뭇가지 사이로 고개만 걸쳐 놓는다

타닥타닥 귀퉁이에 앉은 화덕 솥에선
매캐한 연기가 아침을 향해 피어오르고
늦잠 잔 어미 닭이 늘 알람을 놓치고 멋쩍다

잠자리가 낮은 포복으로 빙빙 돌면
비가 온다는 신호로 아버지 논과 등지게
사이로 저녁노을은 바쁘게 지나간다

토방에 모인 늦은 저녁 가족들
숟가락 위엔 달이 반쯤 올라 앉아
별을 반찬으로 먹는 날이 많았다

야속함

가난한 농부는 사나운 낫질로
가난을 향해 억센 세월을 살아내지
콩밭에서 호미를 내리칠 때도
숨어있던 풀들은 지레 겁들을 먹었지

날카로운 연장으로 가난을 헤치고
겨우 안정된 삶을 우산각 그늘에 풀어놓았지
늘 평화롭게 쉬었던가 객지 나간 자식은
돈 내놔라 해준 게 무엇 있냐 저만 서럽다 말하지

힘 빠진 어깨는 연장조차 내리칠 기운 없고
장성한 자식 바라보며 늘어가는 건 한숨이지
이제 무엇을 들어야 남은 시간이 무뎌질까
명절이면 앞마당엔 찬바람만 무성하지

슬프거나 맛있거나

통조림 뚜껑을 열었다
비릿할 때 가둬둔 생선이
갇힌 설움에 물컹한 울음을 쏟았다
동네 어귀에서 잡혔을까
남태평양 앞바다에 마실 나와 잡혔겠지
꽁치는 기억할 기회조차 없이 요리에 들어갔다

처마 끝에 매달린 시래기가 잡혀오고 무를 소환시켜 가지런히 눕히지
처음처럼 이슬이 간택된 순서로
화려하게 이 밤이 부활할 때 꽁치는 사라지고 객기만 남았다

친정집에 가다

아버지 하고 대문을 열었다
마루 위로 경중경중 혼자 놀기를 하던
햇빛이 딱 멈추더니 사라졌다
자식이 왔으니 이제 가보겠다 신호를 준다
셋이 앉기도 벅찬 빈 마루에 여섯 식구가
오밀 조밀 키워진 세월이 빙그레 웃어준다

한참 지나도 인기척 없어 뒤뜰로 가본다
나뭇가지 몇 단이 다음 차례를 기다리고 누워있다
'아버지' 하고 나뭇단을 나직이 불러본다

지게를 지는 모습으로 오래 남고 싶으신 건가
올 때마다 아직도 뒤뜰에 나무를 때시는 아버지시다
햇빛에 주름이 틀을 꽉 짜 놓아서 밭이랑만큼
깊은 골을 훈장처럼 새겨 넣고도 환히 웃으신다
아니 우시는 건 아닌가 착각도 한다

여식의 마음

수화기 저편으로 힘없는 목소리
아프시다는 다른 언어다
세월 앞에 굽어 휘어진 당신의 등 뒤로
나의 불효가 증명사진처럼 붙어있었고
코골이 엇박자 녹진하게 쓰러져 잠드신 앙상한 팔목
솜이불 무게까지 벅차보인다

울음이 차 오를까봐 창문을 올려다보며
외식하러 나가자 해본다
봄빛 좋을 땐 메주 씻어 장을 담가야지
뜬금없는 말씀으로 귀찮다 하신다

구정 날 기다리던 아들을 여태 못 봐 맘이 아프신 게지
기운 없는 눈빛만으로 눈치 빠른 딸은 다 안다
들은 체도 않는 애매한 효도가 반복되고

서로의 가슴 안으로 찬바람만 무성하게
쌓아올린 어머니와의 세월이다

3부. 집 한 채를 허문 날

1월 1일 해돋이

해를 기다리는 삼악산 꼭대기에서
만나 본 적 있던 고통이 온다
지나온 당신과의 이야기 마디마디가
아직 고통일 줄 몰랐다
햇빛은 안개가 지나가길 기도하는가
엎드려 숨어있던 나도 기도를 한다
천천히 깨어나는 해처럼 안에 박힌
모진 말을 하나씩 빼고 나면 평온한
날이 오겠지

안개 속에서 걸어 나올 해를 기다리며 당신
생각을 해본다

춘천에서 서울 가는 봄

봄 햇살을 상영하는 야외극장은 칸칸마다
봄봄 허밍으로 희망을 실었다
옛 고가의 풍미를 살린 기와집을 지나는
김유정역에서 시인님을 마음으로 바라본다
잎이 나기 시작한 야산 중턱이 휙휙 지나다
봄이 슬슬 레일 바이크 곁에서 스트레칭을
시작하는 강촌역을 다그친다
굽이치던 강 물살은 물길을 다듬어가며
여름의 절정을 기다리는 것 같았고
하얀 동화나라를 모방한 색색의 예쁜 집들은
달라진 레저 문화의 세계로 손짓한다

낯익은 봄바람이 분다
강이 산허리를 친친 감았던 손길을 풀어내면
도심으로 진입하는 곳이다
노을이 넘어가는 산언저리에
어둑한 밤손님은 그림자들을 거두고
고고한 달님은 경춘선을 배회하며
다음 손님을 기다릴 것이다

오월 어느 날에

연초록 빛 얼굴을 하고 동네 어귀에 서 있다
총총 내가 옮긴 발걸음에 동참을 한다
마당까지 따라온 초록의 물결은
금세 시골집을 꽉 채웠다

네모진 모판이 논에 심겨질 차례고
아버지 손길이 분주하게 움직이신다
하루를 마감하고 해를 거둬간 집 뒷산에선
한밤중 산 짐승 소리에 요즘은 무섭단다

옥상 바닥에 초록 페인트가 밤이슬을 깔아
투명한 호수처럼 깊어졌다
초록색을 유난히 좋아한 엄마가 옥상을
텅 비어 놓고 초록으로 물들여 놓으신 까닭이다

헤진 잠옷만큼 평온한 시골집에서 나올 때
춘천의 일상으로 초록을 데리고 왔다

바람과 함께한 여행

내 기쁜 여행도 내가 잘 살아온 증거이다
돌아가지 못할 지난날에서 놓여나
돌멩이처럼 구르던 그 길을 나는
스스로 조정하면서 나아가려고 한다

떠나자 바람아 나를 도우라 말해본다
언제나 네가 있어 실행가능한 용기였다
먼 나라까지 동행한 내 곁의 바람
나는 그 언어에 이 모든 것을 실어놓았다

사랑한다고 아름다운 인생이고 싶다고
스스로 터득한 내 방식은 도발 도전 용기
결코 남을 의식하지 않는 대범함으로
남은 내 인생을 살아내고자 한다

이 모든 것은 사랑이다 숭고하게도

가을과 여행

어떤 가을의 배경도 그리움 없이는
아무것도 아름답지 않으리라 생각합니다
날이 저물면 집으로 돌아가던 발걸음을
지체하고 골목을 한 바퀴나 더 돌아봅니다

놓고 들어온 것도 없는데 덜커덩거리는
유리문이 자꾸 거슬리기도 합니다
그리운 것들은 밖에서 늘 나를 부르고
허둥대는 마음은 중심을 잃어갑니다

천천히 걷기를 합니다
나무 바람 꽃 익숙한 것들과 함께 추억이
되살아나고 태형처럼 목덜미에 걸립니다
가을 그 모든 것에는 그리움이 있습니다

황금 들판에 서면

고개 숙인 풍요 앞에서 아버지의
얘기가 사그락거린다
장마철 젖은 삶이 이랑 사이로
갈급하던 여름을 잘 견뎌오셨다
기계가 자식보다 효자구나
벼는 알아서 베어지고 남은 시간은
막걸리에 담아 비우시니 좋다하신다

들판에 서면 푸념처럼
아버지의 서걱거리는 속 얘기는 허수아비가 들어주고
자식은 하얀 거짓말만 보탠다
아버지, 가려고 했는데 시간이 안 났어요

안개

물안개가 습관적으로 피어난 도시
도심의 오전이 희뿌연 이유를
소양호가 책임질 일인가
출근시키고 남겨진 여인네들이
허우적대며 꿈틀거린다
움직여야 할 것 같은 시간에도 커피 잔
위로 우울한 샹송을 터트리고 싶어한다
6년째 이 도시의 익숙함은 가끔
런던인가 착각을 하며 모자를 눌러 써본다
경계심 없이 거리로 기웃기웃 나가면
한산함으론 분명 런던은 아니지
안개가 흘리고 간 젖은 눈물이 가로수에서
흩어지면 드디어 환한 낮이 되고
그렇게 한나절을 겁탈당한 시간은
별일 아니라는 듯 느릿한 소도시에
일상이 그제야 시작이다

가을앓이

내가 잃어버린 것이 있었던가
내가 놓고 온 것이 있었던가
몹시 허전하였다

고통 없는 일상을 고독인양 다독이며
나는 가을의 눈을 하고 애처로운
눈빛을 펴 놓았다

이념을 얘기하고 사랑을 나누고
설움에 대한 공감을 말하고자 한 것도
아니면서 젖어든다

가을의 날카로운 맨살에 부딪혀 몹시
신음하고자 작정한 사람처럼 마디마디
서글프고 서럽다

가을은 그런 것들의 형상을 채워주려
시작하다가 놓쳐버린 듯 눈물짓다가
몹시 혼란을 주려한다

당신은 산입니다

산에 오르다 당신 같다는 생각을 합니다
이유 없이 가파르지 않았고 힘들고 지칠 땐
당신의 경쾌한 노랫소리 아름다웠습니다
한참 지치다가 안락한 쉼터를 놓아둔 평지
당신이 내 등에 붙여준 시원한 파스입니다

정상을 향한 일념은 꼭 필요한 자신과의 싸움
등줄기의 차오르는 땀은 내게 준 희열입니다
일주일에 서너 번씩 화를 참아내야만 주어진
당신의 웃음은 짜릿한 행복이었습니다

바윗돌 틈으로 숨어든 비탈길을 오르며 산은
우리가 맞추고 지나온 퍼즐 같습니다
한두 칸 건너 지나갈 때마다 내손 맞잡고 이끌어
오십 고개 오르게 한 당신은 산입니다

가을 정동진에서

허물을 벗어두고 임들 떠난 바다에
파도는 사정없이 울어 쌓더라
오물만 버리고 갔다고 썩을, 썩을,
내게 대신하던 화풀이
성난 파도를 잠재우느라 난 한잠 못 잤네

막바지 손님 행여 오시겠지
튜브 가게 상자에 쌓인 무료함이 멋 적었네
파리가 시식 담당인 횟집 바람벽이 내게
술 취해 해롱거리던 여름이 좋았다 말하네

흐린 새벽의 해돋이는 아무나 보나
약 올리듯 뜰까 말까에 소원 빌다 말았네
에라, 갱년기는 올해로 끝내주시오 잉
내 말 사투리라 행여 못 알아들었을랑가

섬

척척 휘감기는 어둠을 그대로 떠안고
등대의 불빛을 앞세워 유혹을 했을까
끊임없이 들끓는 여름을 달래느라
파도에 몸을 담가내면서 기다린 마음 같다

검은 화선지 에둘러 총총 박힌 별들마저
반짝반짝 적요한 신호음처럼 보냈고
달님이 파도소리를 굴리며 옮기는 사이
바람도 섬의 구들장을 베고 잠시 눈을 감았다

밤바다에 밟힌 고동소리가 따개비처럼 들리고
심장 소리가 밤하늘에 두근거리는 것 같아
이곳에서는 하나의 점이 되어 떠 있었다

한 발짝 더 진도를 나가고 싶은 날

추위가 매섭게 똬리를 틀어
철새 한 마리 날지 않는 소양강변이다
물색없는 바람이 야단인 틈으로
여인의 허리를 감싸 안는 저 남자의
매너손이 정당한 날이지
강 건너 카페에선 커피 잔에 뜨거운 입술을
의지하고 중요한 말 빙빙 굴리는 연인들이다
기어코 한 발짝 더 진도를 나아가고 싶었던 겨울 어느 날
어느 연인의 사랑은 더욱 깊어졌을 테지

다시 부는 바람

두 번째 바람은
이미 한 번의 바람으로
뿌리가 깊어진 나무처럼 견딜만하다

스스로 강약을 조절할 줄 알며
어떤 풍랑도 일어나지 않고
잔잔하게 일상처럼 움직인다

내 생애 한번이면
되었다던 바람의 여진은
갱년기라는 이름을 매단다

가라앉았다 다시 일어나고
쩔쩔매는 열꽃을 피워 올려서
아찔하게 서 있어 보기도 한다

뿌리 깊은 나무가 흔들릴라
다시 부는 그 네 번째 바람 오래간다
나는 반항 한번 않기로 작정한다

바람의 언어를 이해하다

슬픈 완장 하나 오른쪽 어깨에
그리움 하나 마음 언저리에
순서대로 쏟아놓은 길 위에서
바람이 한꺼번에 불었다

바람이 먼저 시작하고 네가 왔지
그리움이 먼저오고 슬픔도 왔던가
네가 부르다만 나의 이름이 온통
너의 목소리 되어 낙엽 위로 떨어진다

저항이 클수록 아픔이 깊어지나
피하지도 않고 맞서지도 않았다
다시 가을바람이 분다
나는 바람의 언어를 마침내 이해하기로 한다

그 가을

풍요로운 추수를 앞두고 농민들은
꽹과리를 치며 풍악을 울렸다
덩달아 일찍 신이난 내가 어린나이에
막걸리 맛을 알았던 것도 가을이다

언제부턴가 가을의 언어가
비장해지고 슬퍼지기 시작했다
바람의 소리가 유난히 가슴으로 와 닿아
모른 척 할 수 없어 아픈 말들을 쓴다

유독 사연 많은 여인네마냥
어두운 낯빛을 하고 싶어 했다
여름에 빼앗긴 수분으로 퍼석한 머리칼
핏기 잃은 시선으로 슬픔을 써댄다

가을에 다 쓰지 못한 미련 맞은
낱말들은 겨울로 끌고 갈 것이다
하여 남은 고독과 뒹구는 말들을 모아
시로 만들어놓는 일을 아프게 즐긴다

장마를 바라보며

멈추지 않겠다는 저들의 심상을
막을 순 없다
저절로 순응하고 바라보며
며칠 긴 시간을 사유할까 했다
향 가득했던 꽃들도 이미 시들었고
해바라기 그 큰 얼굴들 무참히 뭉개졌다
그들의 고운얼굴을 때리는 장맛비에게도
사연은 있겠지

참나리 긴 몸통을 개어 춥다는 신호를 주길래
꺾어 들어왔다
내 옆에다 앉히고
함께 베란다 빗소리를 편하게 바라보았어

축사가 무너지고 포도하우스가 가라앉았다는 뉴스를 보면서
끊임없는 사건을 만드는 장마에게 원성을 높일 참이다

가뭄을 투덜거린 사람들 탓이라고
대꾸하듯 툭 빗방울 튕긴다

깨 타작

촘촘히 숨어서 때를 기다린다
왜 때리냐 왜 때리지
와르르 몰려나와
희끗희끗 항거한다

심통을 부릴 새 없이
우수수 쓸어 담아
까불까불 건성거리면
비로소 고소해진 인생이다

아침

게으름을 피우다 일어났더니
아침은 또 안개를 바라보고 있다
햇살을 기다린 모양이지만 안개만
여전히 풀풀거린다
아침은 창 밖에서 출렁거린 안개를
쫓으려 손을 뻗어 보지만 소용없다
머릿속에서 빠져나가지 못하는
어제의 잔상이 거슬린 것처럼
아침은 늘 안개가 거슬린 모양이다
옆에 앉은 아침은 투덜거리고 나는
믹스커피 한잔으로 맑은 정신을 찾는다
요즘은 내 그림자도 볼 수 없이 바쁘다

우이동 계곡의 백란 카페

작은 세계를 따로 이룩한 산자락에 여러 채로 나뉜
펜션 카페 이탈리안 요리와 조화가 평화롭다

오밀조밀한 다육이와 유리창과 테이블에 나열된 손 글씨의 시화들이 시인의 집이란 걸 상징한다

나이보다 한참 어려 보이는 안주인의 나지막한
목소리와 산 그림자가 알맞게 기분
조절을 해주는 곳

갤러리 같은 자연의 문을 통과해 독특한 상차림이 식사 전부터 입맛을 돋우는 품위 있는 한정식을
이탈리안 레스토랑으로 바꿨다네

중심으로 흐르던 물속에 피라미가 어디쯤 숨은 건지
요즘 주인장도 찾는 중이라며 웃었어

예고 없이 들를 경우에도 충분한 공간과 식사 후의
산책로는 하늘과 나무와 나의 일치를 맛 볼 수 있는 곳이지

예뜰에서 자라고 있다는 시인의 언어로 나는
별 다섯 개를 놓고 총총 걸어 나왔다네

진달래가 사모한 강

아래로 피어나는 법을 배우고 싶었을 거야
기슭에서 몰래 숨죽인 한숨으로 피었나
본능적인 위험은 피하고자 애처로이 바라만 보네

낌새를 눈치 챈 강물이 이따금씩 주는 신호
꿀렁꿀렁 반응이라도 해주는군

사랑에 대한 통제와 질서를 먼저 배운 진달래
붉게 울어 짓무른 이야기는 전설이 되겠지
이 강2) 언저리에서 쏴아쏴 바람 소리 들리거든
진달래 울음일까봐 강물은 꿀렁꿀렁 해준다네

---

2) 진달래 군락지 아래 강을 보며

집 한 채를 허문 날

혹독한 겨울을 견딘 보상으로
햇빛 주어진 봄이다

베란다 틀에 거미가 집 장만을 하는 모양이다
가는 심줄이 쇠심줄보다 질길까
끊이지 않고 능숙하게 연결한다

양심적인 관여로 바라만 볼까
집터를 부수어 거미를 처단하고 말까
따뜻해졌으니 밖으로 몰아내도 될테지

작은 집 터를 힘겹게 지어내는 동안
저 미물을 상대로 난 치밀한 계획을 세운다
너그러움을 접고 창문을 열었다

오늘 남의 집을 부수고
발 뻗고 잘 수나 있을까 몰라

4부. 빈 들녘을 꿈으로 물들이다

모로코 패스무디나3)

지구 어디쯤에나 아픔 없는 일들은 없다
가죽 무두질하는 젊은 청년들의 가슴과 심장도
우리와 다르지는 않았다

순리를 거역 못 할 운명 앞에서
신기한 장면이라고 찍어대야 맞는지
이러한 노고로 입게 될 가죽 재킷을 감사해야 맞는지
생각이 교차한다

이곳에서 자란 아르간느 오일이
그나마 저 일꾼들의 짓무른 손발에 상처를 씻겨준단다
관광객들이 얼굴과 목선에 미용효과를 위해
가방에 욕심을 채웠지만 나라고 별 수 없었다

순간순간의 감정이 주체가 되지 않는 나는
조절 기능이 확실히 불안하다
이 역사는 바램의 미래가 될듯하나
당분간 그들이 달라지진 않을 듯하여 아프다

---

3) 가죽 염색하는 곳

마드리드

세르반데스 돈키호테가 머문 라만차평원의
푸에르토 라피세스를 관람하고 나온다
시인의 언어로 한두 마디 남기고 싶어서
볼펜으로 끄적거리고 고뇌하는 연출도 해본다

해질녘 고딕지구 람브라스거리 포트벨 항구
레드와인에 오렌지를 넣은 샹그리아에 마음을 담으라는 책자 대신
한식집 소주에 레몬을 짜서 담아 마셨다
행복이 목을 타고 흐른다

바람은 낱장 종이처럼 약간 접어 내게 날리고
하얀 머릿속에서 낯선 땅의 사랑이 손 내민다
뒤척이는 구름 사이로 햇살이 비스듬히 끼어 흐를 때
아름다운 곳에 있음을 감사해본다

보스니아 구시가지

영어 어플을 깔았으니 가방이 무거웠을까

마음은 상대적으로 홀가분하더라고
유로화를 내밀고 달러로 계산법을 들려주면
우리 돈으로 머릿속 주판을 굴리다 흥정했어
하우 마취? 홧? 오 마이 갓!
어플은 개뿔 소용이 없었어

그냥 웬만한 건 다 사볼 수 있는 동네더라고
장난삼아 서있으면 "이거 안 비싸" 머?
코가 아주 큰 할아버지가 한글을 토막 치신다
한국에 친구가 있다나 오 반갑송 장난도 쳤어

추위가 어슬렁거리는 골목마다
숨바꼭질 하는지 사람이 안보여
가끔 말쑥한 차림새 그넘들 소매치기래
조심해야 한대 씨익 웃으며 말을 걸어와
아 이런 내게 수작을 거는 줄 착각했지

벽들이 숭숭 구멍 뚫린 채
삭막한 희망을 관객과 소통하려고 했어
빗물은 시간시간 떨쳐 내리며

만만한 동네 아니라고 텃세를 하는 것 같았지
오늘 처음 본 유럽 할아버지와 내가 몇 마디로도
소통은 되는 것 같았는데

왜 이리 세상은 어렵게 내전을 일으키며
동족끼리 원수를 삼느냔 말이지

스페인 미아스 안달루시아 마을

'어디 이쁜 곳에 좀 가자구요'

파란하늘 아래 산 그 아래 하얀 지붕들
점점이 솟아있는 이쁜 그림 같은 집 모양에
아 마음이 동화 속 소녀가 된다

문틈으로 살짝 소년이 내다보는 듯 하고

구름의 행갈이로 여러 차례 하늘빛이
바뀌면 하얀 지붕이 반짝반짝 웃는다

옥상 꼭대기 층 신데랄라가 아직 울고 있을까

울음으로도 빛깔고운 노을이 만들어질 듯하네
모처럼 아름다운 곡선을 그리는 마음으로
전하기를 스페인 산언덕 안달루시아
마을을 보아 기분좋았어요 라고 전한다

동유럽의 일면

가진 것은 바람이 가득 들어찬 빈 가슴
설레임 잔뜩 부풀린 맑은 뇌가 전부다
어둑한 길목의 상처에 얹어진 역사의 유산
구불구불한 도로에 푸르디 푸른 바다
산천의 넓은 들에 붉은 기와들의 조화가
동유럽이라고 말하고 싶다

내가 발견 못한 장전된 화려함이 어느 곳에
숨었다 한들 허름한 벽 사이에 부딪힐 것이다

조갈 난 입술을 적시고 싶으면 1유로를 지불하고
에스프레소 한 모금 폼나게 호강해도
1유로를 지불하고 지나가면 그만이다
그곳에선 멋도 낭만도 아닌 것이다 그냥 커피다

붉은 기운의 벽돌집 바다와 바다 사이에 촘촘히 박혀
오늘도 한쪽 뇌에 낭만의 터를 이룩할 것이고
여행객들은 말할 것이다
이제 서유럽으로 가자
너무 우중충하다

문학인들은 말했다 어차피 공부하러 온 거라고

보스니아 거리에서

내전이 남긴 상처 위로 빌딩은 아무 일 없이 쌓아 올라간다
목까지 스카프를 감은 내 몸을 보다가
헐렁한 여름 원피스 입은 여섯 살 아이 손에
어느 나라 동전인지 모를 값싼 동정을 몇 푼 쥐어주었다

다시 일어서려는 거리에서
꽃들은 소매치기와 참 한가한 공원 벤치 위에서
나란히 나란히 숨을 쉬느라 화사함이 아직 부족했었다

거리마다 가난한 사람이 너울너울 거리고
무덤에 조차 일어서지 못할 희생
봄꽃들은 이유를 묻지 않았을 테지

길상사에서

성북동 한 가운데 고즈넉한 길상사
나의 멘토 잠드시고 한적한 정적만 맴돌더라
뒤뜰로 가만가만 백석님 기다리다
가없는 사랑에 진 애달픈
가야의 넋 위로 하고 계실 테지
맑고 향기롭게 비우고 비우라시던
그 음성 나직이 들리는 것 같아
조용히 묵념하고 한 점 선 같은 마음
그곳에 매어두고 일상으로 돌아섰네

그 소녀
- 옥수수

봄날 땅속에 묻혔다가
태양의 구원으로 올라섰네
아 왜 이렇게 무더울까
계절에 맞지 않는 옷 불평했네

지나가던 바람이 엿들었을까
가끔 한 꺼풀씩 벗겨주었네
어느 소란스러운 날
홀딱 벗겨버린 소동이 일어나고
소녀는 부끄럽게 누웠네

8월의 금병산

풀숲 사이로 꼿꼿한 햇살
의기양양하게 돌격하는 날이었다
등줄기에서 솟구치는 땀방울
삶을 부단한 의지로 불태우게 했다

고작 둘레 길을 걸었을 뿐인데
햇살은 가슴속까지 기어이 쳐 들어왔고
심신이 지쳐 늘어진 시간
막걸리 한잔으로 목을 축였다

무엇을 위해 산을 오르느냐
강렬함에게 슬쩍 져주고 싶은 마음이었다
목적을 배제하고 오늘 하루쯤 나 자신의
여름과 맞닥뜨리고 싶었을 뿐이다

맥문동 꽃 피던 날

더위를 막 처분하고 돌아서니
처서가 뭉게구름 타고 내려왔네

푸른 밤 가시에 찔린 찌르레기 우는 날
찬란한 보라의 물결들도 합창을 하네

야윈 조각달은 서산 쪽으로 서서히 가고
더 둥그러진 달이 나무 위로 나와 있었네

오월은 그녀가 갑이다
- 장미

과한 자태로 남의 집 담장에 올라선다
바람에게 미모가 흐트러지지 않게 해 달라
톡 쏘아붙이면서

진한 향기에 무너진 바람이 능청스레 받아준다
이미 마을 여러 곳을 지나와
익숙한 주문이다
철쭉도 명자도 무시하던 바람이
유독 그녀에게만 고분고분하다

남의 집 담장을 기어오르던 그녀에게는 맞서고 싶지 않았을까
바람도 제 살 궁리를 하는 모양이다
화려함으로 갑질하는 그녀는 역시 오월의 여왕이다

말의 무성함

내가 어제 한 어제의 그 말이 오늘 어디쯤 있는가
내 친구가 그 친구에게 했다는
그 말은 지난 밤 비행기를 태웠다
나라 밖으로 이미 날아갔고
나라 안에서도 한 바퀴 회전중이다
나의 입을 손으로 막아도 말은 금세 보태지고 날개를 달았다
공중돌기를 한 말이 내게로 덮친다
내가 떠나보낸 말이 너덜너덜 내게로 돌아왔다
나는 고개를 수그린 채 말에게
미안해서 벌을 선다

행복을 사다

지폐를 두 장쯤 쥐고 시장 어귀를
서성인다
행복은 어떤 가게에 있을까
분주한 좌판 위 빨간 자두 안에서
한창 무르익은 행복을 이천 원어치 산다
새콤달콤한 행복을 베어 물고
얼음이 담긴 세숫대야에 발을 담그고
여름아 나를 이겨볼 셈이더냐
행복에게 감히 접근 못하고 더위가
서성이는 걸 분명 보았다
내일은 행복을 사러 빈손으로 놀이터나
나가봐야지

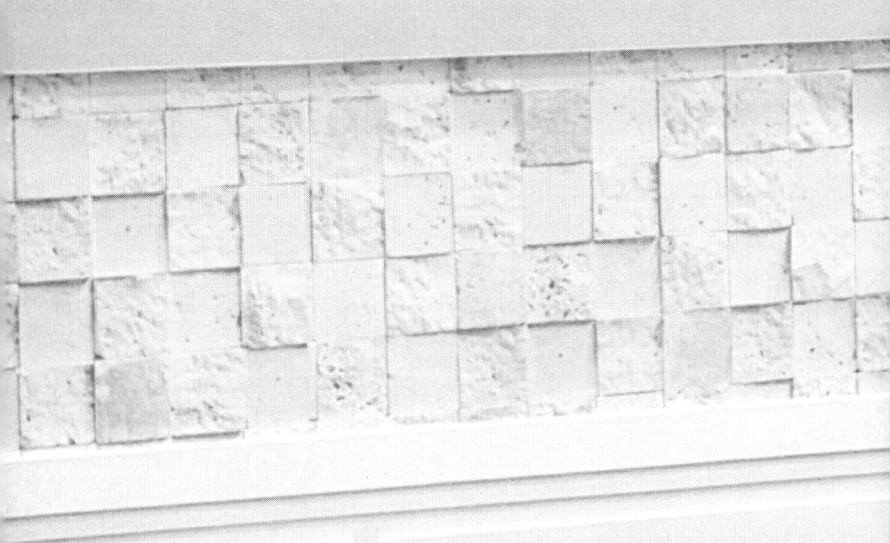

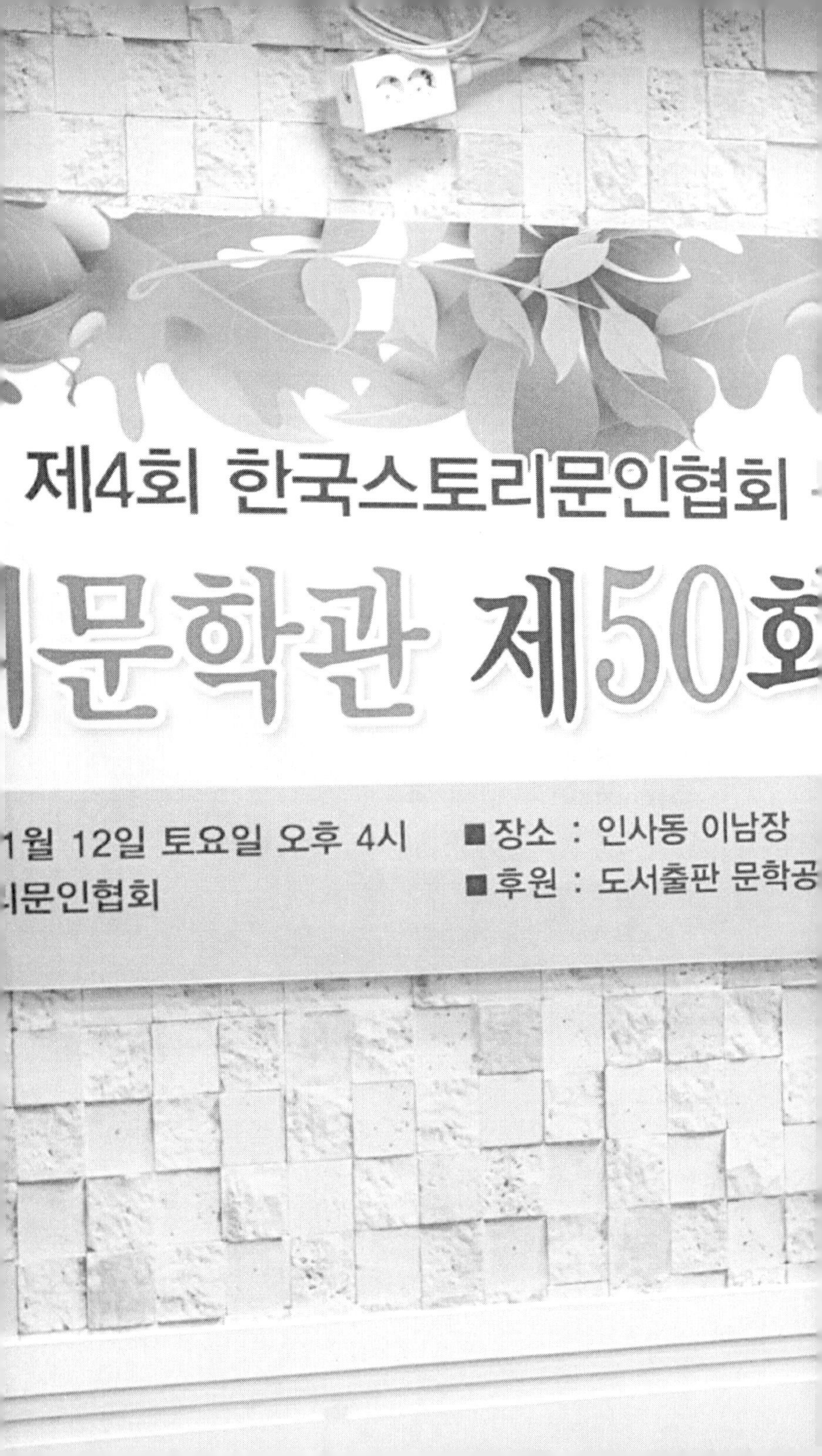
제4회 한국스토리문인협회
문학관 제50회
1월 12일 토요일 오후 4시
문인협회
■장소 : 인사동 이남장
■후원 : 도서출판 문학공

파문의 느낌

비 오는 날 처마 밑에 서 본다
맑음과 흐림 사이에서 갈등하다 내린 비
내 발등을 치며 무슨 신호인가를 연신 알린다
작은 파문을 만드는 머릿속에서
큰 파문이 생기지 않기를 바라는 마음이다

빗소리가 양철 지붕을 달달달 때리면 부서질 것 같은 초라한 지붕 걱정에 두려웠던
유년의 빗소리가 살아 돌아온다
이 만큼 건너온 세상에서 저 만큼 물러난 기억이 늘 함께 하려 하는가

톡 톡 톡 신 발등 위로 말하려는 비의 부름은
무슨 신호가 있을 것 같았다
전화를 한다 저 반대편 먼 곳에 음파를 보낸다
그곳에도 비가 오고 있습니까

취한 하루

탁자에 벌러덩 누운 소주병이 주사를 부린다
구석에 머리 찧는 취객의 붉어진 눈빛
반복한 거친 소리 가만 안두겠다
외치니 술병이 알아서 누웠을 것이다

내 혀가 내 말을 지우고 말아먹고
허세에 죽어 나가는 밤이다
철저하게 망가지고 싶은가
낮은 자세로 천한 흉내를 내본다

비워낸 병 속에 광기를 채우면 다시
일어설 소주병일까
알코올에 넋을 잃은 취객의 머릿속으로
주막집 형광등도 깜박깜박 취하는 하루다

어른

취했어도 다시 정신을 차리고
아침은 일정하게 일어난다
눈물 흘리고 지나온 시간이 많아서
어른이 되었던 까닭인가
강약을 스스로 알아서 다 한다
비 오면 우산이 꼭 있어야 한다는
버릇과 허리아파 온다는 이유가
궁상스럽게 달라붙어서 어른일까
숲길 사이로 난 쑥 냉이 한 줄기에
소박해진 시간이 소중할 때도 어른이다
인정해야 할 것을 아니라고 거부하고
순순히 풀 죽인 모습은 또 볼상 사납다

하여튼 어려운 어른이 빨리 되고 싶었다

정리

다 떼어내고 남은 12월이
용감하게 서 있다
유난히 빼곡한 날짜 안에 빨간 동그라미
특별한 날이다 표시를 한 모양이군
건망증이 무서운 게지
앞장들이 뜯겨진 이유를 모른 체
홀가분한 12월이 휘날리며 가벼워한다
정리를 해볼까 전화번호부를 연다
너는 애매모호해서 지워낸다
너는 귀찮아서 지워내고
너는 아무연고 없으니 지워주마
어느 님 년말정산에 내 이름도
이렇게 떨어져 나갔을 테지
꿋꿋이 달고 있을 이름이 많다고
행복한 것도 아니잖은가

천정에 사는 수 백 마리 양

어깨에 석회가 끼인 건가 오십견인가
스스로 진단하고 병원을 가야한다
전등 불빛이 눈부시다고 아로마 향초 켜놓고
머리가 개운해지길 바란다
윗집 아저씨가 때맞춰 소리 지를 시간이다
저 아주머니는 왜 아무소리를 못할까

양 한 마리에 나의 잠을 들인다
양 두 마리에 초원이 보인다
양 세 마리에 제발 소음이 사라지길 바란다
천정에 가득한 양들이 밤새 풀을 다 못 뜯어
다른 집 양들까지 데려놓고
양들의 천국에서 하얗게 밤을 새웠다

단 한 번의 일탈을 꿈꾸다

아카시아 날리던 오월
향기의 송아리가 온 마을로 퍼지던 날 보리베기
일손이 때를 맞춰 바빴다
아카시아 향기에 취해 마당으로 못 내려온 달빛에
감미로운 흔들림이 있었다
다홍빛 노을이 대추처럼 쏟아지는 시간이면
떠나고 싶었다
떠나면 숨 크게 쉬면서 자유롭고 싶었다
밤새 걷다오니 달님은 가버리고 향기 짙은
밤은 분주 하게 움직이고 있었다
내면에 꽃이 피어나 내게 질문하던 사춘기는
그렇게 아카시아 향 내음 짙게 뿌리며 몸살을 앓았다
아득한 고향 길 따라 여전히 아카시아는 날리는데
나는 어른이 되었고 그날은 기억은 늘 남았네

9월의 난장

시인들의 펜대가 가장 촉촉한 달
올드미스들의 심기는 덩달아
뾰족한 달
장미보다 예쁘다고 섣불리
말도 걸지 마라

국화 옆에서 서정주님을
큰소리로 불러보다 잔기침하는 시인들
맥문동 꼭대기에 붙어있는 잠자리까지
질투한 올드미스들

태연한 척 건네받은 청첩장에 신부 이름
대신 써넣고 싶어 눈빛 흘기며
피 끓는 욕심 잠재우고 들러리로 나와
김칫국 꿀꺽 삼킨다

시인들이 지은 시 밥에 시어를 뿌리도록
9월의 예식장 그녀들에게도 행운을 주자

기다림

옥정호에 물이 마르기 시작한다
붕어섬을 조개가 삼켜버렸나
증발된 물은 하늘로도 날고
대신 바람이 많이 드나들었다
낚싯배 한 척 없으니 마른 가지들이
사방에 흩어지다 바위틈으로 멈췄고
호수에 겨울이면 찾는 이 없었다
옥정호를 삼킨 조개는 배가 부른지 고요히 누워 시간이
지나가길 바랬다

너에게 지친 나

으슥한 시간 어둠이 잘라낸 꼬리가 두렵다며
일찍 드러누웠지

꽃무늬 천정이 좋다고 우기던 사람 대신
너는 먼지 색깔이 구분 안 된다며
기어이 하얀 먹지 같던 색을 고집스레 바르지

공간에 한풀이라도 하듯 하얀 싱크대
하얀 화장실 텅 비워야 살 것 같다며
어느 날은 그 속에 서 있는 너의
백색 사상이 지친다며 또 스스로
악을 쓰기도 하지

그리 복잡하지 않은 듯 살아온
세상살이에도 괜시리
눈물이 울컥울컥 날 때가 있더라며
올 여름엔 눈물이 나서 밖을 나가기 싫다며
십오일을 집에서만 살더니
너는 괴팍한 네 성격을 갱년기였다 우기지

친구 집에 갔던 날 문고리에 걸린

하트모양의 장식을 보더니
집안에 저런 게 필요하구나 이런 게 아기자기라는 거구나
비로소 그 말을 좋아하게 되었다지

텅 비운 공간이여야 살 것 같다며
베란다엔 밤에 달님이 와서 놀도록 비워야한다고
내버려 두더니 요샌 아기자기하게
책꽂이를 들이고 겨우 책을 꽂더니
아기자기하고 좋다고 웃었지

백색의 천정을 의자에 올라서 닦다가
넘어져 꼼짝 못하고 아픈 팔로 누워서
그놈의 천장을 향하여 너는
야무지게 욕 한 번 하는 것도 잊지 않았지

넌 이제 좀 헐렁하게 살 수 없겠니
내가 나에게 지친다

빈 들녘을 꿈으로 물들이다

　너무 넓으니까 울타리는 어차피 치지 않을 거야 향기가 으뜸이니 내가 좋아하는 아카시아 나무만 빙 둘러 오천 그루쯤 심어야지 밤마다 하늘 가득 반짝이는 별들을 까치발로 딛고 목을 빼고 서서 바라보아야지 꾸미지 않고 툭툭 내던지는 질문을 하고 놀 거야 그네를 매달고 나무로 된 탁자에 커피 머신을 올려놓고 파라솔을 씌울 거야 언제든 앉아서 시를 쓸 거니까 내 곁에 아무도 없으면 어때 가끔은 시장으로 유명한 산으로 사람구경 나가봐도 그만이고 어두워지면 들어가서 자면 될 일이야

　난 고독의 본성이 너무 좋아 무언가 아직 어둠속에서 들리는 소리는 설익은 열매가 남 몰래 익어가는 소리와 꽃이 날개를 접고 내일 나비를 만나려고 몸단장 하는 부산스러운 소리일 테지 외로워 울부짖는 산짐승 소리도 익숙해질 테지 주말이면 힐링의 장소라며 찾아들겠지 반갑다고 떠드는 순간에도 늘 머릿속은 어지러울지도 모를 일이야 난 시끌벅적한 소리에 매력을 못 느껴 본성이 고독을 즐기는 사람인가 봐

　사람이 모이면 삐에로는 늘 내 담당이야 물론 시끄러운 거 좋아한 줄 알았을 테지 난 고독이 제일 편했어 사실은 옷자락에 척척 휘감기는 바람과도 얘기하고 창공에 떠도는 구름이 애간장을 타는지 그것도 알아봐야지 많이 바쁜

날이겠네 햇살이 야들야들한 날엔 살짝 입에 베어 물고 서 있는 일도 해볼 거야 툭툭 솟아나는 땅속의 정체에 예민하게 내 몸을 눕히고 알고 싶은 일을 만들 거야 막 잠에서 깬 개구리가 하품을 하는지 신기하게 바라보며 기다리기도 할 거야 빗소리 토도독 떨어지는 날엔 가끔 수첩에 적힌 번호를 눌러서 지성의 소리와 마주 앉아 막걸리 한 사발로 깨우칠 얘기 좀 해달라고 해야지

　난 철저히 고독을 즐기는 사람이야 드문드문 눈감고 스르륵 잠이 오는 어느 날은 놓쳐버린 그 사람을 그리워하는 시간으로 삼을까 그리움이 남아 있다는 거 무척이나 멋진 일이야 그렇게 어느 날 아주 길게 잠이 들면 그곳은 하늘나라일지도 모를 일이야

천국

천국에 가자고 손목을 잡아끄는 아주머니
주머니에 꼬깃한 쌈짓돈을 꺼내신다

교회 다니는 아주머니는 이집을
천국의 작은집이라 생각하실까

오이 당근 계란까지 숨결대로 천오백원보다 많은 행복을 말았다

주문하지 않는 오뎅 국물까지
늘 천국인 것 같다고
김밥 옆구리 터진 날처럼 웃는다

<작품해설>

화려한 고독, 그 상상의 카타르시스

김 순 진(문학평론가 · 고려대 평생교육원 시창작과정 교수)

작품해설
화려한 고독, 그 상상의 카타르시스

김 순 진

 곽구비 시인을 생각하면 우선 화려하다는 생각이 든다. 그리고 개성이 강하다는 생각도 든다. 어찌 보면 막돼먹은 말괄량이 같다는 생각도 들고, 어찌 보면 나이를 모르고 철없이 사는 것 같다는 생각도 든다. 그런데 그런 생각은 이 시집의 원고를 받아들고 보기 좋게 무너져버렸다. 그의 사유가 이토록 깊을 줄은 몰랐다. 애써 화려해지려 하고, 애써 남의 말을 막 자르고, 애써 막돼먹은 말괄량이 행동을 하고, 어찌 보면 나이를 모르는 철부지 같아 보이지만 그것은 모두 의도된 행동이었음을 단번에 알 수 있었다.
 장미에게도 슬픔이 있다. 백합에게도 비련이 있다. 카나리아에게도 '운명 교향곡' 같은 비장함이 있다. 그런데 사람들은 장미는 화려하다, 백합은 예쁘다, 카나리아는 즐겁게 노래한다고 말한다. 그것은 그 사람을 겪어보지 못했을 때, 겉모양만 보았을 때 내릴 수 있는 지극히 조심해야할 평가다. 우리는 장미가 얼마나 핏빛 속울음을 울었으면, 얼마나 온몸으로 울었으면 그리 빨갛게 피어날까를 생각해야 한다. 고상하고 우아하기만 할 것 같은 백합, 그녀가 슬펐던 나날을 지우기 위하여 하얀 드레스를 입고 날마다

가면무도회로 향하고 있음을 당신은 아는가? 아름다운 목소리로만 말해야하는 카나리아의 비애를 당신은 아는가?

그녀에게는 극복해야만 하는 슬픔이 있다. 화려한 옷으로 몸을 치장하고 밝은 미소로 웃어야만 하는 슬픔이 있다. 어차피 인생은 혼자라 하지만, 철저히 혼자 살아야하는 슬픔, 그래서 그녀는 차라리 슬픔이라는 언어를, 슬픔 언저리에 기생하는 슬픔의 족속들을 말살하기로 한다. 그리고 내안에 존재하는 슬픔만큼 화려해지기로 한다. 사람은 나이가 들수록 더욱 젊은 옷을 입어야 한다. 주름이 생길수록 더욱 짙은 화장을 해야 한다. 속내가 허할수록 더 큰 목소리로 웃어야 한다. 지금까지 우리가 보아온 곽구비 시인의 화려함은 차라리 슬픔의 반어법이었다. 명랑함은 차라리 자신에 대한 구속이었다. 자신의 몸가짐에 대한 철저한 단속은 무너지고 싶음의 반항이었다. 곽구비 시인은 날마다 화장을 하고, 예쁜 옷을 입고, 밝은 목소리를 내지만 그의 이면에는 어둠 속에서 차오르는 상사화의 슬픔을 인내하고 있었던 것이다.

그래서 그녀는 시를 쓰게 되었나 보다. 그렇다면 그녀가 시를 쓰기 위하여 나와 만나게 된 인연도 우연은 아닌 것 같다. 몇 년 전 나는 한 문학모임에서 우연히 곽구비 시인을 만났다. 그리고 그 모임은 해체되었으나 곽구비 시인과의 인연은 지금까지 이어오고 있다. 그때 나를 왜 그곳으로 가게 되었을까? 그때 나를 오라 했던 사람들은 지금 연이 끊어졌지만 곽구비 시인을 만나게 해줌에 감사한다. 나는 화려함과 고독은 같은 나라에 사는 족속이라는 생각을 한다. 푸른 느티나무는 지상으로 드러난 푸름만큼 땅속으로 그와 반비례하는 어둠을 가지고 산다. 이 세상에 존재하는 모든 것들은 그것을 존재하게 하는 어둠으로 채워져 있다.

   그럼 이쯤에서 곽구비 시인의 시를 읽어가며 그녀의 화려함 뒤에 존재하는 고독, 그 상상의 카타르시스를 만나보자.

>로테가 거절한 사랑이 실연의 쓴
>충격으로 살아갈 희망을 잃고
>자살한 베르테르가 그리운 날이 있다
>
>우울증 극복 못하고 밀려든 사랑 앞에
>알베르트를 못 이길 것 같아
>생을 마감으로 대신한 베르테르의
>마음을 가끔 이해하고 싶은 날이 있다
>
>위대한 사랑이 부재중인 오늘이 아쉽다
>우리의 젊음이 지났으면 매일 마음도
>야위어 갔으니 사랑도 잊혀져야 하거늘
>기약 없이 보낸 탓이던가
>못다 이룬 사랑이 유난히 방랑하는 계절이 있다
>
>눈으로 가리고 몸으로 막았다고
>이별이 부서지던가
>계절이 지나는 자리마다 새롭게 피어나
>조금씩 가늘게 흔들어 놓으며
>내안엔 나의 괴테가 산다
>
>   - 「내안의 괴테」 전문

괴테는 누구인가? 우선 괴테를 생각하면 『파우스트』라는 생각이 난다. 괴테는 82년간의 생애를 통해 인간의 한계를 넘어서는 신적 경지의 예지를 터득했으면서도 '사랑'이나 '슬픔'으로부터 자유롭지 못했다. 이 세상 모든 사람들은 사랑이나 슬픔으로부터 자유로울 수 없다. 괴테의 『파우스트』에는 두 가지 유형의 사람이 존재한다. 한 사람은 악마와 의형제이거가 친구인 사람이고, 한 사람은 인간을 대신하는 상징인물로서의 인간이다. 우리는 인간이고 싶다. 그러나 살면서 늘 악마의 마음이 발생한다. 남의 것을 빼앗으려 하고 더 먹으려 하고 스스로를 빛내려 한다. 그러한 마음을 다스리고 다잡기 위해 끊임없이 사유하는 곽구비 시인은 "내안엔 나의 괴테가 산다"고 말하는 것이다. 로테에게 향한 사랑이 거절당하자 자살하게 된 젊은 여자 베르테르, 지금 그녀에게는 사랑을 갈망하는 '베르테르'도 살고, 거절했던 '로테'도 살며, 둘을 용서하거나 둘을 붙여 놓고 싶은 괴테가 산다. 곽구비 시인의 마음 안에는 아직도 '젊은 베르테르의 슬픔이 존재'하는 것이다. 괴테가 60년 동안 써온 온 작품 파우스트가 죽기 몇 달 전에 완성된다. 그리고 그는 "영원히 여성적인 것은 우리를 끌어올린다."는 말을 남긴다. 여성의 고독은 무죄다. 여성이 대 문호 괴테에게도 결코 자유롭지 않았던 것처럼 여성에게 고독은 결코 자유롭지 않은 숙제인 것 같다. 당대의 시민윤리에 고민하던 젊은 베르테르, 결국 자살을 택한 베르테르와 사랑을 취하고 싶은 베르테르 사이에서 고민하는 괴테, 그것은 곽구비 시인뿐만 아니라 이 세상 모든 사람들이 가져야할, 가지고 싶은 마지막 고민일 것이다.

파랗게 아버지 키를 넘긴 들판에서
고달픈 농부의 딸이었음을 돌아본다

갈기마다 곧추 세운 아버지의 고독이
줄기 세포로 자란 저 들녘이 시리다

이슬로 시를 써보는 딸의 한량스러움과
새벽 논물 대시며 잠을 설친 아버지와
같은 시간에 동 떨어진 삶이 시작된다

파란 소용돌이로 지나간 시간이 오고
먹먹하도록 저며 드는 초록잎새는
분명 내 아버지다

따라갈까요 하면 학생은 공부 잘하면
그게 네 일이다 너는 논에 나올 생각마라
논일은 아버지 일이다 하셨다

- 「푸른 들판은 아버지다」 전문

  이 시는 이 시집의 표제가 된 시다. 나는 시인들에게 시집의 제목을 권할 때 첫 시집이라면 되도록 부모님과 연관된 시를 제목으로 권한다. 두 번째 세 번째 시집이야 사랑이나 다른 감정을 정할 수도 있겠지만, 그래도 시를 쓰는 목적 중 하나가 자신을 뒤돌아보고 성찰하는 기능에 있다면, 가장 먼저 돌아봐야 할 부분도 부모님이요, 성찰의 우선순위도 효라 할 수 있겠다. 내가 효를 들고 나오니 독자들은 고리타분하다 느낄 수 있겠지만, 부모님이나 효로부터 자유로울 수 없는 시인은 아무도 없다. 그래서 꼭 한 번 짚어주어야만 하는, 그래야만 마음에 짐을 더는 말이 '부모님'이고 '효'라는 말이다. 우연히 곽 시인은 "파랗게 아버지 키를 넘긴 들판에서 / 고달픈 농부의 딸이었음을 돌아"보게 된다. 푸르게 자라고 있는 벼 포기를 바라보니 "갈기마다 곧추 세운 아버지의 고독이 / 줄기 세포로자"라고 있어 들녘을 바라보기만 해도 눈이 시리다. 가만히 들판에 서서 바라보고 있노라니 아버지와 함께 하던 시간들이 되돌아온다. "파란 소용돌이로 지나간 시간이 오고 / 먹먹하도록 저며 드는 초록잎새는 / 분명 내 아버지다"라는 이 한 마디의 말에 나는 "곽구비가 시인 맞구나" 하는 생각이 들었다. 나는 곽구비 시인의 부모님이 생전에 계시는지 돌아가셨는지 알지 못한다. 그러나 이제 그녀의 이 시집 속에서 아버지는 영원히 살아계실 것이다. 곽구비 시인도 영원히 살고 그녀의 아버지도 영원히 사시는 것이다. 논일은 아버지 일이니 너는 논에 나올 생각 하지 말고 학생은 공부나 잘하라고 하시던 아버지, 그것은 힘들어도 내 일을 스스로 하던 우리네 아버지들의 표상이다. 나도 몇 년 전 돌아가신 아버지가 그립다. 좀 더 따뜻하게 해드릴 걸 하는 후회가 앞선다.

    세면대 위에서 삼십 년 전 오픈한 청과상회를 본다
    서랍장 문을 열고 수건을 펼치니 온 동네가 신장개업 중이다
    아영이네 미용실도 민식이네 전파사도 지금 막 오픈을 한다

시골집 옆으로 시집왔던 몽골 처녀가 낳은 아이
세연이가 치룬 돌잔치 날짜를 보니 초등학생이 되었겠네
창고에 쌓아둔 수건을 차에 실어놓은 엄마
색상과 감각이 맞지 않아 그냥 구석에 방치했는데
아직 그대로 오픈 중인 채 서랍에서 답답했겠다
오픈한 미용실은 잘되고 있을까

수건 속에서 묵언수행 마친 가게는 여전히
새로 오픈 중이었다

- 「여전히 신장개업 중」

    우리나라 사람들은 새로 개업을 하면 수건을 나눠주는 풍습이 있다. 낯을 씻고 닦을 수건이 없던 시절, 한 장의 수건을 문틀에 박힌 못에 걸어놓고 칠남매 팔남매나 되는 식구들이 쓰던 시절이 있었다. 그땐 누가 수건 한 장 주는 사람 없고 설탕 한 봉지 주는 사람 없었다. 식용유가 가장 좋은 선물이었던 시절이 있었다. 엊그제 장사를 하는 여동생이 수건이 없다고 하기에 보내준 적이 있다. 늘 가게 안에서만 생활을 하니까 수건이 모자란다는 것이다. 나는 하고 개업집에, 칠순팔순 잔칫집에, 초상집에 많이 다니다보니 옷장 서랍마다 수건이 넘쳐난다. 곽구비 시인의 집에도 수건이 넘쳐나는 것 같다. 세면대 위에 얹힌 수건에 30년 전에 개업한 청과물 가게의 이름이 들어있다. 김춘수 시인은 「꽃」이라는 그의 시에서 "내가 그의 이름을 불러주기 전에는 / 그는 / 다만 하나의 몸짓에 지나지 않았다. // 내가 그의 이름을 불러 주었을 때 / 그는 내게로 와서 / 꽃이 되었다"고 했다. 곽구비 시인은 지금 꽃의 이름을 불러준다. "미용실집 아이 아영이, 전파사집 아이 민식이, 몽골 처녀가 낳은 아이 세연이……." 시인이 시 속에서 이름을 불러주면 미용실도 없어지지 않는다. 전파사는 다 망해도 망하지 않는데, 세연이는 여전히 풀꽃 같이 웃어준다. 수건이라는 객관적 상관물을 통하여 불린 이름들, 그 이름에는 우리의 삶이 있고 정이 있고 고향이 있다.

    거울에 비춰보는 걸 좋아하지 않는데
    그냥 보는 날은 욕실 세면대 앞이다
    마른 팔뚝 위의 핏줄이 파랗게 솟아
    어떡할 거냐고 위협하는 것 같아서 밥을 먹는다

    흔들리는 울음들을 내 안에 몰아넣고
    시간이 흐르기를 기다린 바보처럼 살았을까
    수분은 사라지고 문신처럼 돋아난 핏줄이
    통과하는 모습을 여과 없이 보이는 팔뚝이다

    뼈만 남은 형상에 탈 하나 뒤집어쓴 듯
    감정 없는 하루를 살게 될까 봐 글을 써댄다
    조각난 웃음이라도 사진기에 담아 볼까하고
    억지웃음에 경련이 나타나 지그시 입 다문다

    다리에도 목에도 손목에도 시퍼런 힘줄이
    꿈을 못 다 이뤄 도사리고 있는 꿈 줄 같다
    내 옆에서 한 시간만 있다가도 너무 웃겨서
    죽겠다는데 정작 나는 잘 웃지 않는다

    가끔 그래서 난 삐에로가 아닐까 생각한다

- 「나는 삐에로」 전문

    곽구비 시인은 스스로를 삐에로로 생각한다. 삐에로는 피에로의 강한 발음에서 와전된 말인데, 그렇다면 피에로는 과연 어떤 존재인가? 자신의 슬픔을 우스꽝스런 모습으로 감추고 행복한 듯 살아가는 사람이 어릿광대의 피에로다. 포털사이트 다음 TiP에서 검색을 하니 "16세기 이탈리아의 즉흥희극 콤메디아 델라르테에 등장한 어릿광대 페드로리노인데 17세기 후반 파리에서 인기를 얻은 이탈리아인 극단의 배우 주제페 지라토네에 의하여, 흰색의 주름잡힌 폭넓은 칼라가 달린 의상을 입고 얼굴을 하얗게 분칠한 피에로 특유의 분장과 성격이 대략 이루어졌다. 익살꾼의 성격으로서는 무지하지만 순정의 인물이 되어 그 뒤로 극중에 등장하면 시대의 비판도 하고 비극적인 입장에 서기도 하여 인기를 모았다. 이후 많은 작가나 화가들이 이를 다루었으며 19세기에는 팬터마임을 대성한 드뷔로에 의하여 '사랑에 상심하는 피에로'라는 전형적인 타입이 창조되었다."라고 설명되어 있다. 결국 피에로는 사랑을 갈망하며 사랑하는 사람 앞에 다가가기 위한 분장인 것이다. 그러나 곽구비 시인은 가족 외에 다른 사람을 사랑하지 않는다. 그렇지만 지극히 자신을 사랑한다. 늘 자신을 거울에 비춰보고 아름다운 옷을 입으며 화장을 한다. 사람들은 그녀를 보면 바로 까르르 웃는데 본인인 정작 웃지 않는다. 그래서 스스로를 피에로라 생각하는 것이다.

    멈추지 않겠다는 저들의 심상을

막을 순 없다
저절로 순응하고 바라보며
며칠 긴 시간을 사유할까 했다
향 가득했던 꽃들도 이미 시들었고
해바라기 그 큰 얼굴들 무참히 뭉개졌다
그들의 고운얼굴을 때리는 장맛비에게도
사연은 있겠지

참나리 긴 몸통을 개어 춥다는 신호를 주길래
꺾어 들어왔다
내 옆에다 앉히고
함께 베란다 빗소리를 편하게 바라보았어

축사가 무너지고 포도하우스가 가라앉았다는 뉴스를 보면서
끊임없는 사건을 만드는 장마에게 원성을 높일 참이다

가뭄을 투덜거린 사람들 탓이라고
대꾸하듯 톡 빗방울 튕긴다

- 「장마를 바라보며」 전문

  시인의 눈은 일반인들의 눈과 다르다. 일반인들은 그냥 직관으로 바라보지만 시인은 마음의 눈으로 바라본다. 그래서 무엇이든 의미를 부여하고 해부하며 살을 붙여나가는데, 곽구비 시인에게도 그러한 현상은 예외가 없다. 장마를 바라볼 때, 그냥 장맛비가 쏟아지는 것이 아니라, 작정하고 내리는 것이다. 그래서 "멈추지 않겠다는 저들의 심상을" 인간의 힘으로 "막을 순 없다"고 말한다. 그래서

마구 쏟아지고 있는 장맛비를 가만히 바라보고 있자니 장맛비에게도 무슨 사연이 있음을 발견해낸다. 오랜 가뭄을 삿대질해대는 인간들을 응징하기 위해 내리는 것일까? 아니면 서로 지지고 볶으며 쉴 새 없이 떠들어대고 싸워대는 인간들을 야단치기 위해, 잠시 인간들의 입을 봉하기 위해 내리는 것일까? 아니면 떠나가는 임을 가지 못하게 잡고 싶어 길을 막는 것일 런지도 모르겠다. 아무튼 시인은 "저절로 순응하고 바라보며 / 며칠 긴 시간을 사유할까 했"다. 그리고 "축사가 무너지고 포도하우스가 가라앉았다는 뉴스를 보면서 / 끊임없는 사건을 만드는 장마에게 원성을 높"이려고도 했다. 그러나 장맛비는 시인의 그러한 사유에게 대꾸를 하듯 "가뭄을 투덜거린 사람들 탓이라고" 빗방울을 튕기는 것이라 생각한다.

> 어깨에 석회가 끼인 건가 오십견인가
> 스스로 진단하고 병원을 가야한다
> 전등 불빛이 눈부시다고 아로마 향초 켜놓고
> 머리가 개운해지길 바란다
> 윗집 아저씨가 때맞춰 소리 지를 시간이다
> 저 아주머니는 왜 아무소리를 못할까
>
> 양 한 마리에 나의 잠을 들인다
> 양 두 마리에 초원이 보인다
> 양 세 마리에 제발 소음이 사라지길 바란다
> 천정에 가득한 양들이 밤새 풀을 다 못 뜯어
> 다른 집 양들까지 데려놓고
> 양들의 천국에서 하얗게 밤을 새웠다

― 「천정에 사는 수 백 마리 양」 전문

  양은 흔히 순한 사람의 대명사로 쓰인다. 그런데 어떻게 양이 잠이 안 올 때 숫자를 세다 잠드는 수사(數詞)로 쓰이게 되었는지는 모르겠다. 이 시에서 곽구비 시인은 어깨가 저리고 아파서 잠을 들지 못하고 하얗게 밤을 새우고 있다. 지금 내가 그런 형국이다. 왜 이렇게 팔과 어깨가 쑤시는지 모르겠다. 한의원에 가서 침도 여러 번 맞고 병원 정형외과에 가서 물리치료도 받고 있다. 그런데도 쑤시고 저린 현상이 오래가고 있다. 동병상련이라고나 할까? 곽구비 시인이 잠을 못 이루고 하얗게 밤을 새웠다는 말에 쓴 웃음을 짓는다. 윗집 아저씨는 저녁이 되면 아줌마한테 소리를 지르는 모양이다. 아마도 술주정인 것 같다. 아무튼 팔은 아파서 잠은 안 오는데다가 주변 환경은 잠이 오게끔 도와주지도 않고, 머리가 개운해지라고 아로마 향을 켜 봐도 소용이 없다는 말에 고개를 끄덕여본다. 그렇게라도 잠들고 싶어서 "양 한 마리, 양 두 마리, 양 세 마리……." 양의 숫자를 세며, 남의 양까지 데려다가 숫자를 세어보지만 잠은 오지 않고 하얗게 날을 새웠다는 곽구비 시인의 말에 공감한다. 생각 외로 불면증에 시달리는 사람이 많다고 한다.

    햇살 없는 창공에 바람이
    달음박질친다
    집착과 욕망을 벗기려 이 골목
    저 골목 바람이 사납다
    바람의 숨 가쁜 연주에 음표 놓친

겨울 추위가 더 맹렬하게 공격한다
문명의 이기와 각박의 틀 사이로
바람이 당차게 문을 열었을까
싸움의 중심부에서 겨울의 권리금을
받아낼 속셈이었을까
남루하고 화려한 도시의 양면에서
바람은 잠시 주춤하더니 날을 세운다
내년 봄이면 겨울을 잊을 것이다
겨울을 자주 외면한 내게 창공으로
비상하던 바람이
씨앗 하나 놓고 사라진다
품고 있으면 봄이 올 거라는 듯…

- 「겨울 세입자」 전문

  이 세상에 세입자 아닌 것은 없다. 우리는 지구를 빌려 살다가 다시 별로 떠나야 한다. 삭풍 역시 겨울을 빌려 살다고 봄의 나라로 떠난다. "문명의 이기와 각박의 틀 사이로 / 바람이 당차게 문을 열"고 들어왔을 것이라는 시인의 상상이 이채롭다. 바람이라고 그 치열한 삶의 소용돌이를 그냥 지나칠 수는 없을 것 같다. 어떻게 해서든 권리금을 더 받고 싶어서 겨울의 중심부로 들어가 싸움을 거는 바람, 그리하여 시인은 "남루하고 화려한 도시의 양면에서 / 바람은 잠시 주춤하더니 날을 세운다"고 말한다. 어찌 시인이 아니고서야 이러한 바람의 오기를 보아낼 자 있으랴. 나는 혀를 끌끌 찬다. 곽 시인은 "겨울을 자주 외면한 내게 창공으로 / 비상하던 바람이 / 씨앗 하나 놓고 사라진다"고 말한다. 결국 시의 종자를 하나 얻은 것이다. 곽구비 시인은 겨울을 자주 외면했다. 매해 겨울이 되면 추운 것도 싫고 을씨년스러운 것도 싫으며 움츠리는 것도 싫었을 것이다. 그러나 곽구비 시인은 스스로의 겨울을 만들지 않는다. 마음을 통토(凍土)로 얼리지 않는다. 끊임없이 다잡고 훈풍을 불어넣어 아름답게 만든다. 나는 자주 꽃을 본다. 작은 풀꽃과 마주한다. 뒹구는 낙엽 한 장을 주워 어떻게 이리 아름다운 색깔의 낙엽이 될 수 있었는가를 묻는다. 나는 사람들에게 자신의 마음을 아름답게 만드는 훈련을 하라고 이른다. 자꾸만 풀꽃을 보라 이른다. 자꾸만 하늘을 보라 이른다. 자꾸만 나무를 보고 버려야 자라는 나무의 지혜를 배우라 이른다. 그래야만 스스로가 행복을 찾게 된다. 작은 것에서 행복을 찾아야 그 행복이 오래 가지 금전에서 행복을 찾게 되면 그 행복은 주머니에 금전이 떨어지면 행복도 떨어져버리는 것이다. 곽구비 시인은 옷으로 치장하고 화장품으로 겉모양을 치장하지만 진실로 그가 치장하고 싶은 것은 마음이다. 고상한 엔틱의자에 스스로를 앉히고 커피 한 잔 곁들이며 스스로에게 시간을 주고 싶었다. 그리하여 스스로 아름다움의 씨앗이 되는 것이다.

    지구 어디쯤에나 아픔 없는 일들은 없다
    가죽 무두질하는 젊은 청년들의 가슴과 심장도
    우리와 다르지는 않았다

    순리를 거역 못 할 운명 앞에서
    신기한 장면이라고 찍어대야 맞는지
    이러한 노고로 입게 될 가죽 재킷을 감사해야 맞는지

생각이 교차한다

이곳에서 자란 아르간느 오일이
그나마 저 일꾼들의 짓무른 손발에 상처를 씻겨준단다
관광객들이 얼굴과 목선에 미용효과를 위해
가방에 욕심을 채웠지만 나라고 별 수 없었다

순간순간의 감정이 주체가 되지 않는 나는
조절 기능이 확실히 불안하다
이 역사는 바램의 미래가 될듯하나
당분간 그들이 달라지진 않을 듯하여 아프다

- 「모로코 패스무디나」 전문

영어 어플을 깔았으니 가방이 무거웠을까

마음은 상대적으로 홀가분하더라고
유로화를 내밀고 달러로 계산법을 들려주면
우리 돈으로 머릿속 주판을 굴리다 흥정했어
하우 마취? 홧? 오 마이 갓!
어플은 개뿔 소용이 없었어

그냥 웬만한 건 다 사볼 수 있는 동네더라고
장난삼아 서있으면 "이거 안 비싸" 머?
코가 아주 큰 할아버지가 한글을 토막 치신다
한국에 친구가 있다나 오 반갑숑 장난도 쳤어

추위가 어슬렁거리는 골목마다

숨바꼭질 하는지 사람이 안보여
가끔 말쑥한 차림새 그녀들 소매치기래
조심해야 한대 씨익 웃으며 말을 걸어와
아 이런 내게 수작을 거는 줄 착각했지

벽들이 숭숭 구멍 뚫린 채
삭막한 희망을 관객과 소통하려고 했어
빗물은 시간시간 떨쳐 내리며
만만한 동네 아니라고 텃세를 하는 것 같았지
오늘 처음 본 유럽 할아버지와 내가 몇 마디로도
소통은 되는 것 같았는데

왜 이리 세상은 어렵게 내전을 일으키며
동족끼리 원수를 삼느냔 말이지

- 「보스니아 구시가지」 전문

위의 두 시에서 알 수 있듯 그녀는 최근 유럽 여행을 다녀왔다. 모로코, 스페인을 거쳐 보스니아와 동유럽을 여행했다. 여행을 통해 그녀가 보았던 것을 무엇일까? 이 지구촌에 사는 사람들이 세상을 사는 이치는 동양이나 서양이나 마찬가지라는 논리의 깨달음일 것이다. 그래서 그녀는 "지구 어디쯤에나 아픔 없는 일들은 없다"고 말한다. "가죽 무두질하는 젊은 청년들의 가슴과 심장도 / 우리와 다르지는 않았다"고 말한다. 무엇인가? 누구나 먹고사는 일을 최우선으로 한다는 것, 그 순리는 거역할 수 없는 운명이라는 것, 그래서 그렇게 숭고한 일을 해내고 있는 모로코 청년들에게 차마 카메라를 들이대며 그저 심심풀이,

재미꺼리로 여길 수만은 없었다는 것이 이번 여행에서 얻은 그녀의 소득이다. 그리고 보스니아의 구 시가지를 걸으면서 그녀가 생각해낸 것은 왜 동족끼리 총을 겨누어야 했느냐는 아픔이다. 분단을 안고 살아가고 있는 휴전선과 가까운 곳, 춘천에 살고 있는 시인으로서 그러한 일이 남의 일 같지 않았을 것이다. 여전히 소매치기가 득실거리고 코 큰 할아버지가 짧은 한국어 실력으로 호객행위를 하는 곳에서 그녀가 얻은 것은 "왜 이리 세상은 어렵게 내전을 일으키며 / 동족끼리 원수를 삼느냔 말이"다. 여행을 하면 애국자가 된다고 하고 여행을 하면 사람이 성장한다고 하더니 그 말이 맞는 것 같다. 사람 사는 이치는 모두 같다는 말, 그리고 왜 동족의 가슴에 총을 겨누어야 했느냐는 말, 그리고 결국 우리나라가 가장 살기 좋은 나라라는 말, 호텔이니 뭐니 해도 내 집이 제일 좋다는 말을 깨닫기 위해 곽구비 시인은 15박16일의 오랜 시간이 필요했을 것이다.

이상에서처럼 곽구비 시인의 시 몇 수를 읽으면서 그녀의 시세계를 들여다보았다. 중국의 문학비평가 유협은 그의 저서 『문심조룡』에서 상상력의 특징을 "첫째, 미묘한 상상력을 통해 정신은 외부와 접촉할 수 있다. 둘째, 정신활동을 통해 현상계는 분명해지고 다양한 정서적 상황에 감응하게 된다. 셋째, 사람이 산을 오를 때의 생각과 감정은 산의 경치로 충만하며, 또한 사람이 바다를 볼 때의 뜻과 생각은 그 바다의 모습이 될 것이다."라고 했는데 곽구비 시인은 상상력을 통해 외부와 접촉해나가고 있다. 그리하여 스스로의 생각이 분명해지고 다양한 정서를 가지게 되었다. 산을 오르거나 바다를 보거나 산의 마음과 바다의 마음을 내 안으로 받아들이니 이 또한 곽구비 시인이 스스로 성장하는 길을 열고 있음이다.

그녀에게 이토록 넓은 호수가 들어있는 줄은 정말 몰랐다. 춘천 호반에 살고 있는 그녀는 일상과 온갖 사물을 마음의 거울인 내안의 호수에 침잠시키고 날마다 스스로에게 비춰보고 있었던 것이다. 그녀에게 시란 가장 아늑한 집이며 때론 탈출구였고, 보호자였고 친구였다. 그녀에게 있어 시란 속으로부터 북받쳐 올라오는 갱년기의 화를 삭이는 도구였으며, 밖으로 내돌아치고 싶은 욕구를 잠재우는 울타리였다. 고로 그녀는 꿈꾸며 상상한다. 상상(想像)이라는 말은 원래 코끼리를 한 번도 본 적 없는 중국인들이 죽은 코끼리의 뼈만 가지고 코끼리를 그렸다는데서 유래한 말로, 우리는 우리의 코끼리, 즉 새로운 세상을 그리기 위해서 코끼리의 뼈가 있어야 했는데, 곽구비 시인에게 있어 그 코끼리뼈가 시(詩)였던 것이다.

많은 습작 끝에 첫 시집 상재를 진심으로 축하드린다.

국립중앙도서관 출판예정도서목록(CIP)

푸른 들판은 아버지다 : 곽구비 시집 / 지은이: 곽구비. --
서울 : 문학공원, 2016
    p. ;   cm

ISBN 978-89-6577-201-9 03810 : ₩10000

한국 현대시[韓國現代詩]

811.7-KDC6
895.715-DDC23   CIP2016027619

곽구비 시집
푸른 들판은 아버지다

초판인쇄일 2016년 11월 24일
초판발행일 2016년 11월 30일

지은이 : 곽구비
발행인 : 김순진
편집장 : 전하라
디자인 : 김초롱
펴낸곳 : 문학공원
등 록 : 2004년 3월 9일 제6-706호
주 소 : (우편번호 03382) 서울 은평구 통일로 633
         녹번오피스텔 501호 스토리문학사
전 화 : 02-2234-1666
팩 스 : 02-2236-1666
홈페이지 : http://cafe.daum.net/yob51
이메일 : 4615562@hanmail.net

※ 책값은 뒤표지에 있습니다.
※ 저자와의 협의에 의해 인지는 생략합니다.